T0221628

Stephanie nos presenta un nu
Dios para vivir a plenitud el c
cual hemos sido llamados.

Cuando nuestra vida es desafiada a crecer porque tenemos sueños que nos inspiran, descubrimos que los obstáculos solo existen para ser superados, y es mientras
caminamos en esa dirección que alcanzamos la realización
y aportamos al crecimiento de los demás.

Estoy seguro de que disfrutará leer el libro que tiene
en sus manos, porque todos deseamos vivir con sentido de
propósito.

—Sixto Porras
Director regional de *Enfoque a la Familia*
Costa Rica

Escuchar el corazón de los jóvenes que han llegado a la vida
con el cambio del milenio es una experiencia fascinante. Por
todas las esquinas de la vida hablan esos corazones. Por cada
rincón de la tierra hay uno desahogándose. Es rebosante conectarse con sus ímpetus, proyectos e inquietudes. En las
oficinas de consejería se ventilan sus clamores, lágrimas, angustias y frustraciones. Algunos sueñan con tener paz; otros
con lograr el balance y el equilibrio. Y todos esos corazones
quieren encontrar la felicidad. Stephanie Campos, con tacto,
pasión y amor, una vez más, nos presenta un libro de métodos, ya que marca la ruta de cómo hacer efectivamente las
cosas. Revelando que el ser no puede perderse en la ruta de
la vida y que la forma ideal de crecer es exactamente como
la que nos enseñan las rosas cuando florecen: de adentro
hacia afuera. En la medida en que estemos bien por dentro,
eso se proyectará favorablemente en el exterior. Estoy segura

de que este libro hará que tu corazón se convierta en una brújula, guiándote a la reflexión y a la autoevaluación de la mano del Buen Pastor. Ese que te ha creado con un propósito extraordinario, pero más importante aún, con una identidad única y especial. ¡Gracias Stephanie!

—DRA. LIS MILLAND
CONSEJERA PROFESIONAL, CONFERENCISTA Y AUTORA DE
LIBROS EXITOSOS COMO *VIVE LIBRE, VIVE FELIZ* Y
EL PERFIL PSICOLÓGICO DE JESÚS
PUERTO RICO

Amigo lector, hay dos cosas maravillosas que logra este libro y a su vez lo hace sobresalir de otros libros que tocan temas similares:

1. Leerlo traduce casi a la perfección el equivalente de tener una conversación frente a frente con Stephanie, donde su sabiduría y carisma reclaman nuestra atención y nos dejan consejos prácticos que nos hacen sentir confiados del potencial que nos espera. No muchos logran producir ese efecto en otros y mucho menos plasmarlo en tinta y papel.

2. Muchos libros tienden a tocar temas sobre cómo manejar nuestra mentalidad, desarrollar el carácter, invitarnos a actuar o persuadirnos a creer que podemos tener el mundo entero; pero tienden a aislar cada tema o invitarnos a soñar sin una dirección concreta. Stephanie ofrece un regalo hermoso a una generación a la que desde pequeña le han enseñado a soñar y anhelar lo de afuera, pero en lugar de darle herramientas, parece que le dieron obstáculos. En este libro, Stephanie nos ofrece un sistema práctico con pasos específicos a seguir para encontrar la satisfacción y el sentido de

realización que buscamos como debe ser: de adentro hacia afuera.

Creo con todo mi corazón que vas a apreciar los resultados en tu vida luego de aplicar las enseñanzas de este libro. ¿Aceptas el reto?

—Danii Marín
Conferencista, ilustrador y autor
Orlando, Florida, EE. UU.

Inevitablemente, todos los seres humanos experimentamos pruebas. Cada circunstancia llega de forma inesperada, nos forma y nos afecta. La actualidad del siglo XXI y su modernismo nos ha hecho creer y tener una mentalidad de: "Si no tiene que ver conmigo, no me interesa". Esto ha traído inseguridades y nos ha paralizado. Además, esta actitud ha consumido la esencia pura de la identidad legítima de la Iglesia de Cristo, desviando el diseño original de Dios para sus hijos. Este libro nos alienta y nos reta a vivir nuestro proceso, a perder las etiquetas que nos han impuesto o que nosotros mismos nos colocamos, y a amar a un Dios que puede restituir nuestra esencia original. También nos llevará a reconectarnos con nuestro diseño original; nos transportará de la duda, inseguridad, y falta de identidad de hijos legítimos, a una confianza renovada en Dios. De esta manera, tendremos la seguridad de que fuimos diseñados para un tiempo como este.

—Yesenia Medina
Cantante y conferencista
Dallas, Texas, EE. UU.

La esencia de este libro me llevó a recordar un pasaje que habla precisamente de cómo Dios piensa, y lo que Él quiere darnos como su más preciada creación: "Mis planes para ustedes solamente yo los sé, y no son para su mal, sino para su bien. Voy a darles un futuro lleno de bienestar" (Jeremías 29:11, TLA). Al leer esta promesa por parte de Dios, observo varios asuntos que es importante entender para alcanzar esos logros, victorias y sueños que tanto anhelamos. Dios nos está diciendo: "Oigan, tengo planes para ustedes". Esta clase de noticias generan emoción en nosotros, expectativas, suspenso y preguntas. ¿Piensa Dios en mí? ¿Qué pensará? ¿Qué me tiene que decir? ¿Estaré preparado para escuchar, obedecer y poner en acción sus indicaciones? Pero más allá de las preguntas, involucra quién somos para Dios, la identidad que tenemos en Él. Somos hijos suyos y eso nos convierte en personas importantes, pues tenemos la esencia de Dios en nuestra vida. Entender esto, nos amplía el panorama y nos ayuda a quitarnos vendas. Es como un colirio que limpia nuestra mirada y nos pone en un lugar diferente desde donde podemos identificar un futuro distinto.

Cuando identifico a mi Creador y comprendo quién soy en Él y para Él, Él manifiesta sus deseos para mí. Habla de cómo Él nos ama, al punto de enviar a su Hijo a morir en una cruz. Afirma que nada malo proviene de Él para mi vida. Es injusto pensar que Dios quiere dañar su más preciada creación. Más bien, me fortalece y me da un mayor valor saber que sus planes son de bien. En otras palabras, Dios me confirma que Él quiere el éxito para nosotros, que nos ve como triunfadores que marcan la diferencia y son un ejemplo.

"Voy a darles un futuro lleno de bienestar" es una poderosa promesa. Dios mismo empeña su palabra y mira lo que sucederá en sus hijos. Esta es una imagen impresionante de cómo serán los días por venir. Este debería ser el impulso que nos anime a seguir caminando. Es la gran oportunidad para dejar de cargar el desánimo y la frustración en nuestros bolsillos; la oportunidad de romper las cadenas que nos tienen anclados a un pasado donde hemos estado cautivos en pensamientos de derrota y tristeza, gigantes que nos han impedido avanzar. Es tiempo de comprender que tenemos un gran aliado que mueve montañas, que abre el mar en dos, que allana el camino para los que confían en sus promesas. No mires tu situación actual como el final de la historia, pues aún no has visto lo mejor. Donde estés hoy, se trata de una estación pasajera en la que hay enseñanzas que te ayudarán a formar tu carácter. Es tiempo de revisar dónde te encuentras, qué tienes en tus manos y dónde está tu fe. Es tiempo de decidirte a salir de la esclavitud, salir de la cueva y levantar la mirada hacia un futuro de éxito.

Tal vez has estado esperando el momento indicado para tomar una decisión en tu vida. ¿Será que llegó ese momento? En este libro encontrarás herramientas que te confrontarán con la realidad. Es tiempo de soltar lo bueno e ir por lo mejor; tiempo de vivir la vida, no como una prueba constante, sino como un regalo de Dios; ese mismo que desea que descubras que tienes un gran potencial y que fuimos hechos en las manos del mejor Alfarero. Estoy seguro de que al terminar este libro estarás preparado para tomar esas bendiciones que ya Dios tiene listas para ti; así que prepárate para ser el protagonista de una historia de triunfo.

—RAYNIER COREA
COACH DE VIDA
COSTA RICA

Al sumergirte en este libro, mi amiga Stephanie Campos te llevará a realizar un viaje introspectivo que quizás nunca hayas hecho, y desde lo más profundo de tu ser te ayudará a responder las preguntas más complejas de la vida que no se logran mirando de afuera hacia adentro sino de adentro hacia fuera. En medio de un mundo que reacciona en el camino de la inmediatez, sin tiempo para reflexionar; donde lo básico, elemental, simple y profundo de la vida se pierde cada vez más, es sumamente oportuno un libro como este, que te enseñará no solo a diseñar tu futuro, sino también, desde la poderosa profundidad del ser encendido por la presencia de Dios, el *qué*, el *para qué*, el *cómo* y el *porqué* de los éxitos en la vida, a fin de permanecer en el tiempo, influenciar a tu generación y dejar así una huella en la historia.

—MAURICIO ROCHA
PASTOR DE LA IGLESIA LA CATEDRAL DEL REINO
COACH Y DIRECTOR DE LA SEDE MÉTODO CC EN COLOMBIA

La naturaleza del ser humano tiende al desorden. Queremos tener autonomía en lo que decimos, hacemos, pensamos o logramos. Esta es, de hecho, la forma en la que hemos definido "libertad": hacer lo que queramos. Y todo esto tiene sentido hasta que llegamos a lo que realmente es importante en la vida; ese punto en el que el desorden no logra lo que queremos que logre. Es allí donde ser estratégicos para actuar de una manera particular se vuelve tan importante. Es imposible lograr el éxito si antes no hemos trabajado; y es imposible haber trabajado adecuadamente si antes no hemos lidiado con nuestro ser. En la vida no hay atajos; primero será el ser, para poder hacer y finalmente lograr. El pensamiento que nos ofrece Stephanie es simple pero profundo.

Consiste en cultivar el hábito de caminar en orden; siendo, haciendo y logrando.

—ESTEBAN OBANDO
DIRECTOR DE e625
COSTA RICA

TRANSFORMACIÓN
PROFUNDA

TRANSFORMACIÓN
PROFUNDA

STEPHANIE CAMPOS

CASA
CREACIÓN

La mayoría de los productos de Casa Creación están disponibles a un precio con descuento en cantidades de mayoreo para promociones de ventas, ofertas especiales, levantar fondos y atender necesidades educativas. Para más información, escriba a Casa Creación, 600 Rinehart Road, Lake Mary, Florida, 32746; o llame al teléfono (407) 333-7117 en Estados Unidos.

Transformación profunda por Stephanie Campos
Publicado por Casa Creación
Una compañía de Charisma Media
600 Rinehart Road
Lake Mary, Florida 32746
www.casacreacion.com

Visite la página web de la autora: www.stephcampos.com

Edición por: www.thecreativeme.net (Ernesto Giménez)
Diseño de portada por: Justin Evans
Director de Diseño: Justin Evans

Library of Congress Control Number: 2018944098
ISBN: 978-1-62999-393-5
E-Book ISBN: 978-1-62999-394-2

Impreso en los Estados Unidos de América
18 19 20 21 22 * 6 5 4 3 2 1

TABLA DE CONTENIDO

AGRADECIMIENTOS

Servir es un privilegio; y doy gracias a Dios por haberme elegido desde antes de la fundación del mundo en su gracia, amor y misericordia. Durante todos estos años, procesos y pruebas que he pasado, he podido ver su mano actuar a mi favor y su amor sosteniendo mi vida cada día. Es por ello que quiero dedicar este libro, primeramente a Cristo, el autor y consumador de la fe, quien es la base y la razón de mi corazón. ¡A Él sea la gloria por siempre!

Agradezco a mi familia: a mi padre, Juan de Dios Campos; a mi madre, Soleyda Arrieta y a mi hermano Juan Carlos Campos. Gracias por su amor y su apoyo, y por creer en mí en cada etapa de la vida. Los amo.

Gracias a cada amigo que ha orado por mí; por sus palabras, abrazos, tiempo y apoyo. Sin duda hay amigos que se convierten en hermanos en las diferentes experiencias que vivimos.

Gracias a cada persona que ha confiado en mí y me ha permitido servirle en alguna conferencia, por las redes sociales, a través de mi primer libro, programa de radio o televisión y en los procesos de *coaching* personal. Ustedes le han dado vida a este material que Dios inspiró. El poder compartirlo y ver la transformación que produjo, me alentó para ponerlo por escrito, ampliarlo y que hoy sea un libro.

Gracias a Casa Creación por el apoyo con este material. Dios nos va a sorprender de lo que hará con este libro para su gloria.

PRÓLOGO

EL ÉXITO EVADE a los que encuentran dificultad en definirlo. Quienes no saben lo que buscan, no suelen lograr demasiado.

La mayoría de la gente tiene deseos y anhelos insatisfechos, pero solo una minoría puede diferenciar esos anhelos con las necesidades del alma y establecer una visión precisa de su vocación. Aun son menos los que dan con un plan estratégico para poner en práctica esa vocación y alcanzar un éxito tangible.

Para nadie es un secreto que demasiadas personas carecen hoy de valores y de relaciones interpersonales sólidas, y buscan solo un éxito aparente que tiene que ver más con materialismo o fama que con una vida trascendente. Precisamente por eso es que me entusiasma tanto que Stephanie nos proponga cómo volver a lo esencial y cómo encontrarnos con Dios, con nosotros mismos y con los demás.

Coincido con ella en que, al mirar la Biblia y la historia, no queda duda de que Dios siempre ubica a mujeres y hombres en posiciones estratégicas para que sean una influencia positiva en la sociedad y transformen a otros para que alcancen un éxito integral. Ese ha de ser el objetivo de nuestra identidad.

A través de estas páginas, aprenderás a ser una influencia positiva en todo lugar y a alcanzar el éxito verdadero; ese que tiene que ver más con el alma y las personas, y con objetivos en vez de objetos. En este libro, Stephanie presenta una guía para que tomes decisiones trascendentales por medio de las herramientas que ofrece el *coaching*, así como reflexiones sensatas y prácticas que transformarán la forma en que te relacionas con las circunstancias, así como tu visión de la realidad.

Gracias Stephanie, por soñar con un futuro mejor y ayudar a otros, no solo a soñar con ese futuro, sino a lograrlo.

—DR. LUCAS LEYS
ESCRITOR Y FUNDADOR DE E625.COM

INTRODUCCIÓN

*"Yo he conocido que no hay para ellos cosa
mejor que alegrarse, y hacer bien en su vida; y
también que es don de Dios que todo hombre
coma y beba, y goce el bien de toda su labor".*
—ECLESIASTÉS 3:12–13

MIENTRAS HAYA VIDA, hay esperanza. Tener la oportunidad de abrir los ojos cada día es un regalo del cielo que debemos valorar y disfrutar. Para lograrlo, tenemos que comprender que la verdadera prosperidad y el éxito real es el que nace de adentro hacia afuera; aquel que nos da sentido de propósito y que nos recuerda una y otra vez que no somos producto de la casualidad, sino que nacimos como parte de un plan más grande de lo que pensamos.

En medio de un mundo acelerado donde se nos ha formado en la recompensa instantánea, debemos hacer una pausa y recordar que la vida no siempre es como queremos o planeamos: debemos ser pacientes y entender que todo lo bueno requiere ser cultivado y atendido de forma intencional.

Este libro se escribió especialmente para la generación de los milénicos (los jóvenes que llegaron a su vida adulta con el cambio de milenio). Durante años he trabajado con esta población y sé que muchos necesitan encontrar su valor, identidad y plenitud interna. Esto les permitirá llegar a ser mejores personas, padres, esposos, ciudadanos y, ante todo, hijos de Dios.

Parte de esta generación está desconectada de sí misma, de los valores, de la comunicación y de fortalecer las relaciones interpersonales. Por ello, considero que es necesario volver a lo esencial: encontrarnos con Dios, con nosotros mismos y con los demás.

Sin embargo, el libro también busca influir en personas de otras edades que desean fortalecer su ser interior y encontrar su propósito en Dios.

Juntos, trabajaremos, descubriremos y fortaleceremos tres aspectos importantes: primero, el ser (la esencia); segundo, el hacer (la acción efectiva); y tercero, el lograr (alcanzar un futuro extraordinario).

Siempre se nos ha dicho que valemos por lo que somos y, aunque eso es verdad, a la vez somos llamados a hacer y lograr como parte del propósito de la vida.

Para ser exitosos y vivir a plenitud necesitamos estar fortalecidos en nuestro interior y tener un corazón sano, lo cual nos permitirá tener una base sólida que nos sostendrá en las diferentes etapas.

En este libro compartiremos cómo fortalecernos internamente, lo que llamaremos "el ser", lo cual lograremos soltando, perdonando y conociendo. Luego, nos enfocaremos en "el hacer", abordando temas como la actitud, las decisiones y los límites. Para concluir, trabajaremos juntos "el lograr", donde aprenderemos sobre el éxito, la mentalidad de triunfador y el crecimiento integral.

A través de estos pasos, descubriremos quiénes somos, a qué estamos siendo llamados y cuál es nuestra misión; desarrollando así una visión poderosa que nos permitirá construir un futuro extraordinario que dejará una huella y un legado.

Algunos podrían pensar que esto del "hacer" o el "lograr" no es bíblico; pero lo cierto es que en la Palabra de Dios vemos cómo Él ubica a hombres y mujeres de forma estratégica para que sean una influencia positiva en personas específicas y en la sociedad, de manera que logren un éxito integral.

Este libro busca equiparte para que tú también seas una influencia para Dios en todo lugar, así como brindarte una guía para que tomes decisiones trascendentes por medio de las herramientas que nos ofrece el *coaching*, transformando la manera en que nos relacionamos con las circunstancias y el tipo de observadores que elegimos ser.

Creo firmemente que conectarnos con nuestro diseño original nos ayuda a ser más efectivos, disfrutar la vida, ayudar a otros, reinventarnos y crecer. Pero la clave antes de hacer y lograr, es ser y volver a la esencia.

Por eso, en este libro comparto el proceso adecuado para alcanzar las metas y disfrutar el viaje de la vida.

No olvidemos que no valemos por lo que hacemos o tenemos, sino por lo que somos. Cuando esta verdad es incorporada en la mente y el corazón, nos convertimos en una persona enfocada y logramos ver la adversidad como un tiempo de formación y no de derrota.

Los milénicos, la generación que nació entre 1980 y el 2000, nos estamos convirtiendo en la mayor fuerza laboral en el mundo. Yo soy parte de esa generación y sé que nos enfrentamos a muchos retos y competencias. La tecnología, las marcas comerciales, las redes sociales, el estar constantemente capacitándonos a nivel profesional y el obtener el trabajo de nuestros sueños, podrían desconectarnos de lo esencial y convertirnos en personas frías, egocéntricas y sin propósito.

Vemos hoy a muchos profesionales de alto nivel que dominan más de tres idiomas, tienen salarios atractivos, casas y automóviles de lujo y muchos bienes materiales; pero que en su interior están vacíos, no tienen rumbo, son inestables emocionalmente, no logran formalizar relaciones interpersonales significativas (muchas son virtuales), son impacientes, buscan lo instantáneo y aunque logran alcanzar "el éxito y la cumbre", pueden derribarse en cualquier momento porque no logran tener una base sólida que los sostenga con el pasar de los años o las dificultades, y carecen de una sana identidad.

Por más dinero, éxito, oportunidades, viajes y fama que tengamos, solo Jesús puede llenar los vacíos existenciales que permanecen en el corazón.

Por eso, creo en el proceso que estudiaremos juntos: *ser, hacer* y *lograr.* Sin duda, Dios quiere levantar una generación que lleve un gigante por dentro capaz de amar, perdonar y servir por medio de sus conocimientos y su profesión. Solo así podremos construir juntos un mundo mejor, en el que el amor sea la base de lo que hacemos, dejando de lado el individualismo y el egoísmo.

PARTE I
SER

1

EL VIAJE DE LA VIDA: ALIGERA TU EQUIPAJE

*"Sobre toda cosa guardada, guarda tu
corazón; porque de él mana la vida".*

—PROVERBIOS 4:23

L A VIDA ES como un viaje, y cada ser humano ha de saber
valorar ese viaje, disfrutar de él y encontrarle el propósito.
A la mayoría nos gusta viajar. Cuando tenemos la oportunidad de visitar otros países y culturas, logramos ampliar
nuestra perspectiva de la vida y nuestros conocimientos. Muchos tienen una amplia lista de lugares que les gustaría visitar con el paso de los años, y hay ofertas por doquier en las
que se ofrecen paquetes turísticos para viajar en pareja, con
la familia o con amigos y disfrutar de las vacaciones soñadas.

No sé a ti, pero a mí me ha costado aprender a viajar liviana. Como buena mujer, pienso en mil cosas que tengo que
llevar "por si acaso". Siempre mi equipaje se llena rápido de
artículos que llevo de mi casa a otros países. Lo curioso es
que nunca utilizo todo lo que llevo y, cuando regreso, me
falta espacio para acomodar lo nuevo que traigo. ¿Te ha pasado? Me imagino que sí. Ahí es donde me arrepiento de
haber llevado cosas innecesarias al viaje. *Lo viejo le quita
espacio a lo nuevo.*

Aunque reconozco que estoy aprendiendo a viajar liviana,

es algo que aún me cuesta. Ciertamente, llevar poco equipaje es mucho más práctico que cargar dos o tres maletas.

Algo que también disfruto es ir a caminar a la montaña. El contacto con la naturaleza, hacer ejercicio y compartir con amigos es un tiempo que sin duda renueva las fuerzas. Cuando uno planifica estas actividades debe ir preparado con agua, frutas y algunos alimentos que den energía en el camino. Pero hay que tener cuidado, ya que ser muy preventivos le puede pasar factura a nuestra espalda cuando vayamos subiendo la montaña.

Cuando viajamos por avión, el equipaje debe tener un peso específico y si nos pasamos, el sobrepeso sale más caro que una maleta nueva.

> ¿Cómo estamos realizando el viaje de la vida? ¿Cómo está nuestro equipaje, compuesto por nuestro corazón, nuestra mente y nuestras emociones?

Después de estos ejemplos, la pregunta es: ¿Cómo estamos realizando el viaje de la vida? ¿Cómo está nuestro equipaje, compuesto por nuestro corazón, nuestra mente y nuestras emociones?

Como ya mencioné, en las páginas de este libro trabajaremos tres aspectos: el ser, el hacer y el lograr. Si fortalezco mi interior y estoy saludable, seré capaz de tener una base sólida que me permitirá tener un corazón sano y correcto. Esto es lo que llamaría "éxito sostenido en el tiempo". Cada ser humano es la sumatoria de todas las vivencias a las que ha sido expuesto desde pequeño. Somos el resultado de las creencias que hemos adoptado como verdades, las cuales tienen su raíz en lo que se nos enseñó, en el ambiente y la sociedad donde crecimos.

Todos tenemos experiencias buenas y malas; sin embargo, las experiencias que no hemos superado o dejado atrás y que nos duelen aún, siguen teniendo un espacio preponderante en nuestro "equipaje" de vida, influenciando lo que pensamos, sentimos y hacemos. Muchos no logran avanzar por que los fantasmas del pasado los persiguen cada día.

Durante los procesos personales de *coaching* que dirijo, me asombra la cantidad de gente que lucha con diferentes tipos de culpas: culpa por lo que hizo, por lo que no hizo o por lo que ocurrió. En muchos casos creen que todo ocurrió por sus malas acciones. Aunque puede ser así, en muchas ocasiones esa culpa forma parte de las falsas creencias que han adoptado como verdad de vida.

La vida es un regalo del cielo. Si estás leyendo estas líneas quiero decirte que, aunque no te conozco, creo que Dios ha colocado este libro en tus manos por un propósito especial. Estás vivo y necesitas aprender a disfrutar cada segundo, entendiendo que la vida no es fácil; pero creo que es el plan divino que disfrutes tu mejor viaje y vivas un día a la vez. Parte de su plan es que seas feliz, y que ames y te dejes amar. A pesar de lo que en el pasado ocurrió, siempre hay nuevas oportunidades.

Si quieres avanzar en la vida, ser exitoso y lograr tus metas, debes comenzar a prestar atención a partir de este momento al tipo de equipaje que llevas. Identificar qué necesitas sacar y qué debes incluir con urgencia.

¿CÓMO ESTÁ TU EQUIPAJE DE VIDA?

Cuando nos encontramos a alguien conocido, por lo general le decimos automáticamente: "Hola, ¿cómo estás?".

Seguidamente, recibimos otra respuesta automática: "Bien, gracias a Dios, ¿y tú?".

Con el paso de los años, he aprendido a valorar la pregunta: "¿Cómo estás?". Para mí, no se trata ya de un simple saludo; sino de hacer una pausa en medio del correcorre diario y preguntarle a alguien, viéndolo a los ojos, cómo está realmente; cómo se ha sentido; cómo va todo en su casa, con su familia y en el trabajo; cómo está de forma genuina e integral; ¡mostrarle que de verdad nos interesa!

Esto me ha llevado a replantear la pregunta para no recibir una respuesta automática. Ahora hago una pausa y digo: "¡De verdad!, ¿cómo estás?". Siempre pasa lo mismo, la persona se ríe y abre su corazón a decir cómo se siente y no responder por salir del paso con un: "Bien, gracias".

Hoy quiero hacerte a ti la misma pregunta: ¿Cómo estás? Y añado: ¿Cómo está tu corazón? ¿Cómo te has sentido? ¿Está todo realmente bien? ¿Qué necesitas?

Aunque yo no estoy físicamente contigo para poder conversar, te animo a tomar un papel y escribir tus respuestas sinceras a cada una de estas preguntas, ya que es fundamental que logres reconocer e identificar cómo estás por dentro. Nadie, haga lo que haga, sea quien sea, es inmune a sentirse solo, cansado, frustrado y hasta desesperado en algunas ocasiones. Yo también me he sentido así. He pasado momentos en los que la presión me abruma tanto que ya no tengo fuerzas ni para creer. Sin embargo, Dios se hace presente de muchas formas y de manera creativa, para recordarnos que nos ama, que aún hay esperanza y que jamás nos ha dejado o dejará. Pero ciertamente es necesario hacer una pausa, conectarse con lo esencial y darle valor a lo que es realmente importante.

En medio de un mundo tan acelerado, bajar las

revoluciones es de sabios. Nadie, por mucha capacidad intelectual o económica que tenga, puede llegar lejos si no hace una pausa y se encuentra con Dios y consigo mismo en lo íntimo.

En el transcurso de la vida, nos damos cuenta de lo limitada que es nuestra fuerza o la capacidad para sacar adelante lo que hacemos o queremos llegar a hacer. Todos, sin excepción, llegamos a cansarnos, desanimarnos o a creer que ya no vale la pena seguir. No en vano la tasa de suicidios ha aumentado considerablemente en los diferentes países. Por eso, lo único que nos sostiene en medio de las crisis es lo que llevamos por dentro, y entender que a pesar de que todo parezca oscuro, perdido o sin salida, siempre hay esperanza en Cristo.

Piensa ahora cuál carga te urge sacar del corazón. Y es que para avanzar en la vida y alcanzar las metas es necesario viajar livianos y estar enfocados en lo correcto.

> Para avanzar en la vida y alcanzar las metas es necesario viajar livianos y estar enfocados en lo correcto.

REVISEMOS EL EQUIPAJE: "NUESTRO CORAZÓN"

Creo firmemente que todo, tanto lo bueno como lo no tan bueno del ser humano, sale del corazón. Durante años he conocido a personas muy capaces, con buenas intenciones, talentosas, con un alto nivel académico o económico, que a pesar de su buena posición luchan con asuntos no resueltos del corazón (el alma). Esto es algo que tarde o temprano les pasa factura y se nota. Sin duda, todo lo que llevamos por dentro es lo que proyectamos a nivel personal, familiar, laboral y de servicio.

Cuando trabajo y comparto con solteros, siempre les recomiendo que aprovechen esta hermosa etapa de la vida para conocerse y encontrar puntos de mejora. Cuanto más saludables lleguen al matrimonio, más fácil les será complementarse con su pareja. Por el contrario, si ambos están heridos y con el equipaje lleno de cosas negativas, se tirarán la basura emocional el uno al otro, lastimando profundamente la relación. Y este ejemplo no solo aplica para parejas, sino para cualquier tipo de convivencia. Hoy en día muchos viven con fuertes presiones internas hasta que llega el día en que explotan y las consecuencias son más lamentables.

Todo lo que hay en nuestro interior afecta la mente, las emociones y la voluntad, y esto trasciende a lo que hacemos o a la manera en que nos desarrollamos. Es por ello que hoy te invito a hacer una pausa para que busques poner en orden tu mundo interior. Si necesitas ayuda, siempre es bueno buscar un consejero o un sicólogo (te recomiendo uno que tenga bases sólidas en la fe cristiana) que sirva de apoyo para que puedas salir adelante. La vida es un don de Dios y no es saludable que sigas "tragándote" el equipaje pesado que has cargado durante tantos años y que te enferma espiritual, mental y físicamente.

En la Biblia encontramos más de cien versículos que nos hablan de la importancia que tiene el corazón, no solo como un órgano físico vital, sino también como un espacio en el que figurativamente guardamos pensamientos y emociones que sin duda afectan directamente la manera en que nos sentimos, actuamos, pensamos y hablamos. El corazón es el eje de la vida.

"Porque de la abundancia del corazón habla la boca".

—MATEO 12:34

"Porque cual es su pensamiento en su corazón, tal es Él".

—PROVERBIOS 23:7

"El corazón alegre constituye buen remedio; mas el espíritu triste seca los huesos".

—PROVERBIOS 17:22

"Porque donde esté vuestro tesoro, allí estará también vuestro corazón"

—MATEO 6:21

Algo que tenemos que tener claro en la vida y durante nuestro crecimiento espiritual es el correcto orden del diseño de Dios para nosotros. Esto lo encontramos en 1 Tesalonicenses 5:23: "Y el mismo Dios de paz os santifique por completo; y todo vuestro ser, espíritu, alma y cuerpo, sea guardado irreprensible para la venida de nuestro Señor Jesucristo".

Acá se sugiere que somos espíritu, tenemos alma y vivimos dentro de un cuerpo. El adecuado equilibrio de cada uno de estos elementos nos permite realmente vivir y no sobrevivir.

Somos espíritu y tenemos conciencia, la cual es la esencial del espíritu del ser humano a través del cual conocemos a Dios por medio de experiencias espirituales. También tenemos intuición, en la que han sido depositados nuestros dones; y la comunión, que es el espacio donde nos comunicamos con Dios.

Tenemos alma, que comprende la mente, donde se

encuentra el consciente (la razón), el inconsciente (lo que no recordamos) y el subconsciente (que todo lo cree).

Mateo 9:4 nos dice: "Y conociendo Jesús los pensamientos de ellos, dijo: ¿Por qué pensáis mal en vuestros corazones?". Como podemos ver, el corazón espiritual fluye a través de la mente. Hay una conexión directa entre ambos.

Una de las preguntas más comunes que recibo tiene que ver sobre cómo manejar las emociones, las cuales tienen una influencia directa en nuestro equipaje de vida. Para velar por las emociones tenemos que cuidar, elegir y administrar nuestros pensamientos. La mente es el conjunto de conocimientos que vamos adquiriendo con las experiencias de la vida. Es por eso que tenemos que ser selectivos y, si encontramos que algo no edifica, tomar acciones y echarlo de nuestro corazón (el equipaje).

> "Por lo demás, hermanos, todo lo que es verdadero, todo lo honesto, todo lo justo, todo lo puro, todo lo amable, todo lo que es de buen nombre; si hay virtud alguna, si algo digno de alabanza, en esto pensad".
>
> —Filipenses 4:8

En este pasaje, Pablo nos da una lista que se debe de convertir en el filtro a través del cual pasamos cada pensamiento, y nos dice que los pensamientos deben ser respetables, justos, puros, amables, excelentes, que merezcan elogios, que nos hagan crecer, que aporten, que sea verdaderos, que nos den paz, etcétera. Lo que debemos comprender, es que no podemos pensar en "cualquier cosa" porque no somos un basurero, y si permitimos que cualquier pensamiento anide en nuestra mente y lo creemos como verdadero cuando no lo es, cargaremos un equipaje nocivo que a corto, mediano o largo plazo terminará afectándonos.

Según los expertos, tenemos más de 60 mil pensamientos al día. Por eso, debemos velar la mente y las emociones o de lo contrario nos estancaremos. No es correcto darle cabida a todo lo que se nos viene a la cabeza o a lo que escuchamos. Si algo no edifica, desechémoslo inmediatamente y esto incluye palabras, pensamientos, emociones y relaciones.

LIMPIAR, QUITAR Y ORDENAR

Cada cierto tiempo es necesario hacer una limpieza profunda en nuestra casa, especialmente en los dormitorios o closets. Cuando lo hacemos, nos damos cuenta de la cantidad de artículos que podemos estar "coleccionando" y que no utilizamos. Hoy en día son comunes los programas de televisión que hablan de los "acumuladores compulsivos"; personas que no se percatan de la cantidad de objetos que guardan durante años y que evidentemente no utilizan, pero que el solo el hecho de tener les da satisfacción y seguridad.

Lo mismo podríamos estar haciendo en nuestro corazón. Quizás nos hemos acostumbrado a guardar todo tipo de emociones o recuerdos sin importar si son positivos o negativos, si duelen o no, si edifican o nos estancan. Una vez más lo afirmo: lo viejo impide que llegue lo nuevo; roba espacio, fuerzas, enfoque y hasta puede generar, de manera metafórica, mal olor.

Si es vital limpiar la casa, el automóvil, el jardín, la cocina, los zapatos, las computadoras, los celulares y muchas cosas más, cuánto más deberíamos estar limpiando y sanando nuestro corazón, ya que todos los días estamos expuestos a que alguien lastime nuestro interior.

Quiero motivarte a que elijas aligerar el equipaje de tu corazón y saques lo viejo, lo que te duele, lo que te daña, y entregar esa pesada carga a Dios. Solo Él y su gran amor pueden darte sanidad interior y el descanso que anhelas y necesitas. Pero a la vez, debes accionar y cansarte de cargar de más. En las consejerías que doy me topo con personas que llevan hasta más de veinte años recordando una mala experiencia que les ocurrió. Sé que hay historias muy dolorosas y que toma tiempo procesar, pero Dios da nuevas oportunidades, restaura y es poderoso para hacer que el dolor desaparezca para siempre y que el perdón se haga presente cuando parece imposible.

Quiero que te imagines la siguiente escena: hace mucho que no ves a alguien que fue tu amigo o amiga en la escuela, con quien jugabas, hablabas durante horas, compartías los mejores y peores momentos de tu vida, pasabas gran cantidad de tiempo juntos y coleccionaste grandes recuerdos. De repente, te encuentras con esa persona, pero en ambas manos llevas las bolsas del supermercado y no tienes espacio para nada más. Cuando la ves te alegras, sonríes y deseas darle un fuerte abrazo; pero tus manos están ocupadas con las pesadas bolsas en las que llevas muchos artículos. Por más que desees darle el abrazo, es imposible al menos que tires las bolsas al piso y queden tus manos libres. Lo mismo pasa en nuestra vida: podemos ir con muchas cargas en las manos y las oportunidades pueden surgir de repente, pero si no soltamos lo que llevamos o lo que nos estorba, seremos incapaces de abrazar, amar, perdonar y tomar lo nuevo que viene para nuestra vida. Por eso, es necesario limpiar, sacar, desechar lo que nos impide crecer y ordenar cada área de nuestro corazón.

Todos tenemos "resistencias" que llevamos como cargas

en la vida. Una resistencia es un tipo de barrera u obstáculo consciente o inconsciente que nos impide avanzar. Estas resistencias abarcan desde creencias, hasta emociones y sentimientos: miedo al fracaso o a decepcionar a los demás, incertidumbres, querer agradar siempre (buscar aprobación), o simplemente pereza. A nosotros nos toca identificar cuáles son las resistencias que tenemos arraigadas en nuestro ser.

¿Qué te lastima o qué puede estar cargando tu corazón?

- Temores (todos son aprendidos)
- Las malas experiencias de la vida, la familia, exparejas o problemas laborales
- Recuerdos dolorosos
- La falta de perdón
- Pensamientos erróneos: yo veo a través del lente de mi vida
- Tener una baja autoestima
- Las relaciones de codependencia
- Las relaciones nocivas emocionales
- Temor a estar solo, la presión social o decisiones nocivas
- La culpa
- Compararte con otros

¿Qué puedo hacer?

- Identificar que te está intoxicando

- Tomar responsabilidad y decidir cambiar. Nadie lo puede hacer por ti

- Elaborar un plan de acción: buscar consejería, sanidad interior y fortalecer tu fe

- Buscar con quien hablar

- Trabajar en tus pensamientos y tu forma de hablar

- Tomar conciencia de que tienes control sobre tu forma de pensar, actuar y hablar

- Hablar con Dios y contarle cómo te sientes

- Cultivar cada día tu vida espiritual
  ¿Me gusta lo que veo hoy en mí?
  ¿Me siento bien?
  ¿He lastimado a otros y a mí mismo por llevar equipaje adicional?
  ¿Estoy avanzando hacia donde quiero estar?

Toma la decisión de comenzar una nueva etapa, tomando decisiones de cambio que surjan de adentro hacia fuera. Si cambias, todo tu entorno se verá afectado positivamente. Deja de culpar a los demás de lo que te está pasando. Es tiempo de entregar, soltar, confiar y crecer.

"Confíen a Dios todas sus preocupaciones, porque Él cuida de ustedes".

—1 Pedro 5:7, PDT

"Venid a mí todos los que estáis trabajados y cargados, y yo os haré descansar. Llevad mi yugo sobre vosotros, y aprended de mí, que soy manso

y humilde de corazón; y hallaréis descanso para
vuestras almas; porque mi yugo es fácil, y ligera
mi carga".

—MATEO 11:28-30

APLICA, REFLEXIONA Y ACTÚA

"Echa sobre el Señor tu carga, y Él te sustentará; Él
nunca permitirá que el justo sea sacudido".

—SALMO 55:22, LBLA

- Revisa cada día lo que pensaste y sentiste. Pregúntate: ¿Por qué ocurrió eso? Identifica lo que te molesta, lo que te lastima y lo que te enfada. Ponle nombre a la emoción.

- Se consciente de cómo estás reaccionando ante los demás: no lastimes.

- Pregúntate: ¿Estoy feliz con esta persona y con esta situación? Si tu respuesta es no, busca un cambio.

- Aparta tiempo para ti mismo. Invierte en tu crecimiento personal y tu fe.

- Aparta tiempo para expresar por escrito cómo te sientes y qué te pasa. Coloca los siguientes encabezados en el papel: "Estoy molesto porque...", "Me siento herido porque...", "Estoy decepcionado porque..." y "Estoy triste porque...". Si se te ocurren otros títulos, escribe todo lo que sientas.

- Libera tu corazón de emociones negativas. Las emociones son el resultado de determinados estímulos provenientes del ambiente o el entorno que nos rodea, y hasta de nosotros mismos.

• Decide vivir un día a la vez

Oración

Señor, hoy te doy gracias por la vida. Soy consciente de que tengo un propósito especial que cumplir en esta tierra y que no existo por casualidad. Gracias por tu amor y por la gracia que encuentro en Jesús. Hoy quiero abrir las puertas de mi corazón y recibir a Cristo como mi Salvador y Redentor personal. Reconozco que te necesito y que quiero caminar todos los días a tu lado. Gracias por amarme. Yo hoy recibo ese perdón que me diste en la cruz. Quiero entregarte mi vida y mi corazón. Tú conoces mi pasado, mi presente y ya estás en el futuro. Conoces todo de mí. Te rindo mis cargas emocionales y aquellos pensamientos que me atacan una y otra vez. Te pido en el nombre de Jesús que sanes mi corazón de todo mal recuerdo y que todo lo que lleva en mi equipaje interno y que me ha pesado durante años lo quites. Hoy, recibo tu paz, tu amor y tus fuerzas. Gracias Padre por amarme. Amén.

2

EN LA PROFUNDIDAD: IDENTIDAD

*"Porque somos hechura suya, creados en Cristo
Jesús para buenas obras, las cuales Dios preparó
de antemano para que anduviésemos en ellas".*

—EFESIOS 2:10

HACE UNOS AÑOS, tuve la oportunidad de participar en una competencia de triatlón, que consiste en nadar en mar abierto, correr y luego cerrar con unos cuantos kilómetros en bicicleta. Nadar me gusta mucho, pero admito que nadar en el mar me genera cierto temor. Aun así, me "eché al agua". En una ocasión, tuve que nadar 1500 metros divididos en tres bloques que terminaban formando un triángulo. En el primer tramo, el reto era adentrarse al mar; en el segundo, nadar mar adentro; y en el tramo final, retornar a la playa, que es bastante difícil por la corriente en contra. Recuerdo que cuando estaba en el segundo tramo, es decir, en el centro del mar y de la nada, sentí temor al pensar que estaba tantos metros mar adentro, y ni hablar de la profundidad. En ese momento, pensé: *Físicamente puedo salir de aquí.* Así que, simplemente, seguí a mi ritmo y decidí tener paz. Me puse a hablar con Dios y a disfrutar el momento, rodeada solo de agua, agua y más agua.

Orar trajo paz a mi corazón y me permitió experimentar una gran libertad en un lugar en el que solo estaba con Dios y conmigo misma, sin nada ni nadie, dependiendo absolutamente de la protección de mi Padre. Esta experiencia valió la pena y gracias a Dios salí con vida. Creo que de una u otra forma todos estamos navegando y es en la profundidad donde nos encontramos con la esencia de lo que somos, lo que tenemos y lo que podemos hacer. Hay experiencias que solo vivimos en las profundidades de la vida, cuando hacemos una pausa, nos desconectamos de todo y nos conectamos con lo que es verdaderamente importante.

Hoy, curiosa y contradictoriamente, tenemos muchas formas de conectarnos, pero como seres humanos estamos sumamente desconectados de Dios, de nosotros mismos y de los demás. Es por eso que apartarnos de la orilla e ir a las profundidades nos permite perder el control; poner a un lado el ego, los títulos, los bienes materiales y los logros; y recordar que sin nada vinimos al mundo y sin nada nos iremos, excepto con aquello que vivimos y amamos.

Las corrientes de este mundo tan acelerado nos han ido desconectando de la esencia. Hoy muchas personas están deshumanizadas y caminan por la vida como robots. Tú y yo somos personas con espíritu, alma y cuerpo que vinimos a esta tierra con un propósito, una misión.

Parte de mi trabajo es ofrecer consultoría y procesos de *coaching* personal. Cuando hablo con alguien, me gusta preguntarle: "¿Quién eres?". La mayoría se queda pensando la respuesta y un alto porcentaje dice: Soy abogado, médico, periodista, etcétera. Es decir, responden según lo que hacen. Yo inmediatamente intervengo y le digo: "Eso no es lo que eres, es lo que haces". ¿Quién eres?". Y es ahí donde el silencio se hace presente.

Durante años hemos creído que somos lo que hacemos, pero no es así. Hoy, quiero que hagamos juntos un viaje a la profundidad de tu vida y tu corazón. Creo firmemente que si una persona no se conoce a sí misma, no puede ser exitosa y avanzará a un paso muy lento, ya que muchas voces extrañas buscarán que se desenfoque y atienda la queja, la burla o la crítica de los demás.

Te invito a que hagas una pausa y te preguntes a ti mismo: "¿Quién soy?". Pero no respondas rápido; reflexiona y medita quién eres realmente, qué te gusta, qué no te gusta, qué te asusta, qué quieres alcanzar, qué te da temor, qué te enoja, qué te alegra, etcétera. La lista es larga y el viaje para conocernos a nosotros mismos dura toda la vida, pero hay que iniciar y avanzar cada día. Solo así, podemos corregir lo erróneo y fortalecer el potencial que hay en nosotros.

FORTALECE TU IDENTIDAD

Todos hemos sido diseñados de una forma única y perfecta. Cuando estudiamos la máquina admirable que es el cuerpo humano, quedamos sorprendidos al ver cómo Dios se tomó el tiempo de hacernos diferentes, únicos, hermosos y especiales; aunque muchas veces nos cueste creerlo.

Siempre me han llamado la atención las huellas dactilares. A pesar de los millones de personas que existen en todo el mundo, somos únicos. Nadie más tiene las mismas huellas. Eso nos dice mucho sobre nuestra originalidad e identidad, la cual no puede ser suplantada por nadie.

Tener clara nuestra identidad nos permite saber quiénes somos y, por ende, qué estamos dispuestos a tolerar y que no, qué merecemos y qué no podemos permitir. Pero si no somos conscientes de nuestro valor, no podremos estar enfocados en la meta y en el llamado que Dios nos ha hecho a cada uno. Si Él nos hizo de forma única, fue por una muy buena razón. No seamos la mala copia de nadie, seamos nuestra mejor versión.

La identidad son los rasgos que nos definen como persona y es esa conciencia de nosotros mismos lo que nos hace diferentes a los demás. Los expertos afirman que tenemos identidad personal y grupal porque hemos sido diseñados para ser seres sociales; es decir, nuestro entorno influye directamente en la construcción de quienes somos y de cómo nos vemos a nosotros mismos. La identidad se forma, se moldea y se enriquece diariamente.

Cuando hacemos un trámite, por lo general nos piden un documento de identificación, pero claramente somos más que un número: tenemos un propósito y no podemos basar nuestra identidad por lo que hacemos, por lo que los demás opinen, por lo que vivimos en el pasado o según nuestras carencias. Es necesario cambiar la forma en que nos vemos a nosotros mismos; es tiempo de dejar de hacer el papel de víctimas y convertirnos en líderes de nuestra propia vida. Si logramos empoderarnos, podremos alcanzar el éxito que Dios ha determinado para nosotros.

En mercadeo, cada producto tiene su propia identidad, sus colores, su forma, su tamaño, entre otras características. Esto es lo que lo diferencia de otros. Y yo te pregunto: ¿Eres consciente de qué es lo que te diferencia de las demás personas; de aquello que te define?

Todos tenemos virtudes y defectos. Por eso, cuando paramos, iniciamos el viaje de autoconocimiento y logramos identificar las fortalezas con las que contamos, podemos fortalecer lo que somos.

Por el contrario, la pérdida de identidad nos lleva a distorsionar la realidad y a confundir nuestro propósito vital.

Nuestra identidad define nuestra misión en esta tierra, es nuestro ADN.

Ahora las redes sociales nos llevan a conocer la vida de los demás: qué hacen, a dónde van y con quién, qué comen y hasta cómo se sienten. En ocasiones, hay un gran abismo entre la identidad real y la virtual, donde la vida luce "perfecta". En las redes nos amamos, somos muy felices y nada malo pasa; pero cuando la pantalla se apaga, los amigos virtuales no están o el número de "me gusta" o de seguidores no cuenta. Allí vuelven los vacíos, los complejos y los temores. De nada sirve tener una identidad virtual fuerte, si la real está lastimada.

Hoy quiero retomar algunas preguntas vitales para que les des respuesta. Como buena *coach* me gusta preguntar:

- ¿Quién eres?

- ¿Cómo eres?

- ¿Quién quieres ser?

- ¿Qué valoras?

Estas son preguntas vitales; sin embargo, muchas veces buscamos respuestas en los lugares incorrectos o con las personas equivocadas.

"Porque tú formaste mis entrañas; tú me hiciste en el vientre de mi madre. Te alabaré; porque formidables, maravillosas son tus obras; estoy maravillado, y mi alma lo sabe muy bien. No fue encubierto de ti mi cuerpo, bien que en oculto fui formado, y entretejido en lo más profundo de la tierra. Mi embrión vieron tus ojos, y en tu libro estaban escritas todas aquellas cosas que fueron luego formadas, sin faltar una de ellas".

—SALMO 139:13–16

Somos valiosos porque hemos sido diseñados por alguien que nos ama y que se tomó el tiempo para hacernos de una forma maravillosa.

Nuestra identidad está conformada por nuestro género, el entorno social y la familia, por nuestro comportamiento, por los valores morales y por nuestra ideología o forma de pensar, entre otros factores que definen lo que somos. Acá es donde debemos revisar si lo que vemos nos gusta o si podemos cambiar en algo, y es que la identidad se va formando todos los días. Quizás de pequeños recibimos alguna formación o trato que nos dañó o nos hizo reaccionar de una forma violenta o temerosa. No se vale escudarnos y decir: «Así soy yo»; siempre podemos cambiar actitudes, sanar heridas, renovar la mente y buscar ser mejores. Cuando somos adultos, los únicos responsables de lo que somos, pensamos y actuamos somos nosotros mismos.

Como seres humanos, tenemos la necesidad de pertenecer a un grupo de "semejantes", pero es necesario llegar ahí por afinidad, y no porque carecemos de identidad y estamos buscando dónde encajar o algo que nos defina. No podemos ser como el camaleón, que cambia de acuerdo al ambiente que lo rodea. Somos lo que somos y no debemos buscar la aprobación de otros. La gente siempre hablará para bien o para mal, así que busquemos solo agradar a Dios y estar en paz con nosotros mismos y con los demás.

Cuando sabemos quiénes somos, podemos actuar mejor ante la adversidad. No somos como el agua, que se adapta al recipiente donde la colocan. Debemos tener definido lo que somos y no adaptarnos a cualquier cosa.

Errores a la hora de construir nuestra identidad:

- No saber quiénes somos ni lo que valemos. Esto nos lleva a permitir muchas cosas, incluso que van en contra de nuestro principios y valores.

- No tener claro a dónde queremos llegar. Quien no sabe para dónde va, ya llegó.

- Desconocer nuestras habilidades, dones y propósitos.

- Buscar la aprobación de los demás.

- Tener falsas creencias que han sido infundadas.

- Usar máscaras o ser como el camaleón.

- Proyectar una mala imagen (descuidarnos físicamente).

¿Qué influye en la construcción de nuestra identidad?

- Encontrarnos con Dios y con nosotros mismos, sin máscaras.

- Tener una autoestima y autoconcepto sanos.

- Reconocer nuestras debilidades y fortalezas.

- No buscar la aceptación de los demás.

- Hacer lo que realmente nos gusta y disfrutamos.

- No mendigar amor.

- Reconocer que somos responsables de nuestra felicidad, nadie más.

- Perdonar y dejar el pasado.

- Tener claros nuestros valores y no negociarlos.

- Desarrollar relaciones saludables en las que haya aceptación, amor, respeto y admiración.

- Tener todos los días presente que no somos lo que tenemos o lo que hacemos.

"El hombre bueno, del buen tesoro de su corazón saca lo que es bueno; y el *hombre* malo, del mal *tesoro* saca lo que es malo; porque de la abundancia del corazón habla su boca".

—Lucas 6:45,
ITÁLICAS AÑADIDAS

Vivimos en un mundo en el que el individualismo y el ego están presentes por doquier. Además, en la vida encontraremos retos fuertes todos los días. ¿Cómo superarlo? El gran secreto de tener una identidad sana y una correcta imagen de nosotros mismos, es encontrar nuestro valor en Dios, dejar el pasado atrás, perdonar a los que nos han lastimado, superar los traumas y buscar sanidad emocional, mental y espiritual. Solo así, podemos avanzar hacia el lugar que tanto anhelamos.

Nos conectamos con nuestra esencia cuando tomamos todos los días un tiempo especial para alimentar nuestro interior y mirar hacia adentro. Ahí están los más hermosos y valiosos tesoros, las respuestas y la fuerza sobrenatural para salir adelante. En lo secreto nos encontramos con Dios y con nuestro propósito. Tenemos que aprender a rendirnos y a no dificultarle a Dios lo que Él quiere hacer en nuestra vida y a través de ella.

Durante los años 2017 y 2018, tuve la oportunidad de incursionar en la política de mi país, Costa Rica, como candidata a la presidencia de la República y también como senadora. Los meses de campaña fueron muy intensos; de hecho, fue algo muy diferente a lo que había estado expuesta hasta entonces. A pesar de los momentos difíciles, viví muchas experiencias que me hicieron crecer en cada aspecto de mi vida. Como figura pública, uno se expone a críticas en redes sociales, muchas de ellas bastante dolorosas y malintencionadas. La verdad, en diversas ocasiones lo que leía lastimaba fuertemente mi corazón, pero a pesar de los señalamientos, en mi interior yo tenía la certeza de quién era realmente, de que Dios me amaba y de que tenía un plan para mi vida. El tener estas verdades claras me permitieron mantenerme firme, guardando el corazón y con la mirada puesta en la meta. Estoy segura de que, si no hubiera tenido bases sólidas, fácilmente habría caído, pero Dios siempre estuvo conmigo y día a día me recordó que mi identidad y valor no dependían de un puesto, sino de lo que Él pensaba de mí y de lo que veía en mí.

LA MARCA PERSONAL

Hace un tiempo escuché este concepto y me pareció muy interesante de aplicar en nuestra vida. Hemos hablado de que somos una obra única, y de que tenemos un propósito. Dios ha puesto en nuestro interior tesoros, y tenemos su ADN. Esto nos permite adentrarnos en nuestro corazón e identificar qué necesitamos reparar en el taller del Maestro, pero también encontrarnos con nuestro destino y diseño. Cuando conectamos con eso, nos hacemos invencibles, porque sabemos quién está en nosotros. El secreto del éxito yace en descubrir nuestro valor y esencia. Piensa en un momento si has sido o si eres influenciado por alguna marca de ropa, de alimentos, de servicios o algo similar. ¿Qué te gusta de ella? ¿Por qué la sigues o compras sus productos? ¿Qué los hace diferentes? Mi propósito no es colocarte en el mismo nivel de un "producto", porque obviamente valemos mucho más, pero si logras encontrar qué te hace diferente a los demás y te enfocas en reforzar eso, en lugar de concentrarte en tus debilidades o defectos, serás una persona más segura, feliz y exitosa.

Hace poco, realicé un ejercicio en una charla que me gustaría que tú también hicieras. Toma una hoja en blanco y piensa cómo serías si fueras una marca comercial. ¿Qué fortaleza venderías de ti? Trata de ponerlo en palabras y haz un dibujo. Desconéctate de lo tecnológico, disfruta el momento y usa tu creatividad. Conviértete en el director general de tu propia empresa y crea un mensaje y una estrategia para promover la marca llamada: "Tú". Esto no tiene que ver con ego; se trata simplemente de conocerte a profundidad. Pídele a Dios, tu Creador, que te guíe en esto y que te muestre tu esencia.

Este ejercicio nos permitirá saber quiénes somos, qué podemos hacer, cuáles son nuestros puntos fuertes y cuáles los débiles. Esto influye directamente en el tema de realización, relaciones interpersonales, laboral, familiar y espiritual.

Es necesario cuidar nuestra imagen, ya que ella habla de lo que somos y de cómo nos sentimos. La primera impresión siempre cuenta y es única. He conocido personas muy brillantes, pero dada su falta de identidad y amor propio descuidan en su aspecto físico, suben de peso, huelen mal, no usan la ropa adecuada, no comen bien y no hacen ejercicio. Esto, querámoslo o no, afecta en el desarrollo de la realización personal.

Recordemos que somos seres integrales, y que debemos buscar estar y sentirnos bien espiritual, física y emocionalmente. La verdadera prosperidad es la que viene de adentro hacia

> Nuestra seguridad no puede venir de nosotros mismos: debe venir de lo que Dios dice que somos en Él.

fuera y se manifiesta en la forma de hablar, de vestir, de caminar, y de comportarnos. Todo habla y cuenta. Aunque amamos a Dios, no podemos espiritualizar todo. Por eso, debemos cuidar nuestra imagen y lo que proyectamos. Nuestra seguridad no puede venir de nosotros mismos: debe venir de lo que Dios dice que somos en Él.

> "Mas vosotros sois linaje escogido, real sacerdocio, nación santa, pueblo adquirido por Dios, para que anunciéis las virtudes de aquel que os llamó de las tinieblas a su luz admirable".
>
> —1 Pedro 2:9

Tu marca personal será aquello que viene a la mente de otra persona cuando piensa en la forma en la que sabes comunicar tus auténticos valores, creencias, sentimientos, habilidades, pasiones y talentos.

¿Cómo la construimos?

Nace cuando buscamos nuestra propia identidad, sentido de vida y propósito. Cuando tenemos claro lo que deseamos alcanzar, lo que nos gusta y a dónde queremos llegar.

Esta marca personal debe reflejar nuestro carácter y se construye en nuestra relación con Dios, basada en nuestros valores, fortalezas y virtudes. No puede estar basada en apariencias o en querer ser otra persona. Recordemos que somos únicos, valiosos y especiales.

Como seres humanos, necesitamos tener sentido de propósito y de utilidad, así como una visión clara que nos inspire cada día.

Sentido de propósito

"Y sabemos que a los que aman a Dios, todas las cosas les ayudan a bien, esto es, a los que conforme a su propósito son llamados".

—ROMANOS 8:28

Como personas, necesitamos tener un sentido y un propósito claro por el cual nos levantamos cada día con la esperanza de querer construir algo mejor. Si no lo tenemos, careceremos de motivación y las expectativas serán bajas. Este sentido se desarrolla conociendo nuestra esencia, de dónde venimos, por qué estamos acá y hacia dónde vamos. Cuando logramos comprender nuestro diseño original y el hecho de que no fuimos diseñados por casualidad, se enciende una luz que nos dice que hay mucho más de lo que imaginamos, que tenemos más futuro que pasado y que podemos construir mayores cosas de las que soñamos. Tenemos que creer que tenemos una misión, que estamos en esta tierra y formamos parte de esta generación por una razón específica. Debemos convertirnos en observadores poderosos que viven su misión y avanzan cada día hacia la consecución de su visión. La misión es nuestro propósito de vida, es la tarea para la cual nos diseñaron. Sin una razón de ser todo lo demás deja de tener sentido.

Sentido de utilidad

"Cada uno según el don que ha recibido, minístrelo a los otros, como buenos administradores de la multiforme gracia de Dios".

—1 Pedro 4:10

Tenemos que creer que somos útiles para Dios, para nuestra familia, para la sociedad y para nosotros mismos. Este sentido de utilidad cobra valor cuando tenemos claras nuestras fortalezas y también nuestras debilidades. Muchas veces es más fácil enfocarnos en lo que no tenemos o en aquello en lo que no somos tan fuertes, pero hoy quiero motivarte a que te enfoques aquello en lo que brillas con luz propia. Eso podrá ocultar tus imperfecciones, que al final de cuentas todos tenemos.

Quienes aspiran a tener una marca personal deben preguntarse cuáles son sus fortalezas, sus rasgos más notables y aquello en lo que pueden aportar valor. Debemos saber qué podemos ofrecer con gusto, sin mucho costo y con calidad. Lo que nos hará diferentes al resto de la gente.

Sentido de visión

"Y aunque tu principio haya sido pequeño, tu postrer estado será muy grande".

—Job 8:7

No es un punto de llegada, sino un punto de partida, y debe responder a la pregunta: "¿Quién quiero llegar a ser?".

Siempre han existido personas visionarias, que poseen la virtud de observar panoramas y oportunidades que no todos logran identificar. Pero lo cierto es que todos tenemos la capacidad de construir una visión clara para nosotros y nuestras familias; de definir ese paisaje en el horizonte como el lugar al que queremos llegar por encima de todo lo que acontezca y de las dificultades que se presenten.

La visión es la ruta trazada para emprender el viaje y el recurrido. Con visión se sabe dónde se quiere llegar y es la principal fuente de inspiración para el logro de los objetivos propuestos. Si yo he identificado mi visión, me comprometeré a llegar al lugar que he decidido ir, y empezaré a tomar acciones concretas que me lleven a ese lugar que he visualizado. Recordemos que nada pasa por casualidad: en la vida hay que ser intencionales en todo momento.

Parte de mi visión es ser una escritora y comunicadora de influencia para ayudar a muchos para la gloria de Dios. En diferentes plataformas y mientras escribo este libro, doy gracias a Dios porque me permite vivir mi misión y construir una visión clara. Doy fiel testimonio de que cuando conectamos nuestro diseño personal con el llamado que tenemos, experimentamos una plenitud que el dinero jamás podrá proveer. Sin embargo, cuando todo está alineado a la voluntad de Dios para nuestra vida, la prosperidad y todas las añadiduras vienen a nosotros por su amor y gracia.

Siempre en la vida nos tocará enfrentar diferentes retos y vencer los obstáculos que se interponen. Parte de ellos son las barreras mentales. Todos tenemos diferentes modelos mentales que nos controlan y que nos hacen caminar por la misma senda cada día. Cada modelo se va formando por la biología, la cultura, el entorno familiar, el lenguaje o las historias personales; y afectan directamente lo que vemos, lo que nos pasa y la manera en que juzgamos las diferentes situaciones. Nos vemos como somos, y si los modelos mentales son erróneos, afectarán como nos vemos de forma personal y lo trasladaremos a quienes nos rodean.

> "No se amolden al mundo actual, sino sean transformados mediante la renovación de su mente. Así podrán comprobar cuál es la voluntad de Dios, buena, agradable y perfecta".
>
> —ROMANOS 12:2, NVI

Por lo general, los modelos mentales son heredados y aprendidos. Debemos identificarlos para romper con aquellos que son negativos y que han pasado de generación en generación, haciéndonos creer mentiras como si fueran verdades. Si tenemos claro quiénes somos, de dónde venimos y hacia dónde vamos, seremos imparables.

APLICA, REFLEXIONA Y ACTÚA

> "Así pues, tú ya no eres esclavo, sino hijo de Dios; y por ser hijo suyo, es voluntad de Dios que seas también su heredero".
>
> —GÁLATAS 4:7, DHH

Siete claves para lograr la marca personal y una sana identidad:

- Elige triunfar.

- Recuerda que cada decisión que tomes tiene poder.

- Invierte sabiamente el tiempo, es oro y no vuelve.

- Camina por una zona libre de excusas.

- Define tus prioridades, tu misión y tu visión.

- ¡Tu mejor publicista eres tú!

- Todo lo que hagas afectará la vida de los otros, así que hazlo bien.

- Decide ser lo que Dios ha soñado que seas.

- Alinea tu vida a su voluntad y planes.

Aparta un tiempo de reflexión y responde las preguntas:

- ¿Quién soy?

- ¿Cómo soy?

- ¿Quién quiero ser?

- ¿Qué valoro?

Oración

Padre, hoy te doy gracias porque me das el privilegio de ser llamado tu hijo. Gracias porque me has formado y elegido desde antes de la creación del mundo. Gracias porque tienes planes para mi vida. Hoy te pido que me reveles quién soy en ti; que me enseñes a tener una identidad sana basada no en las circunstancias o en lo que he vivido, sino en aquello que tú ya has escrito para mí. Te pido que toda mentira que ha venido dañando mi autoestima y la manera en que me veo a mí mismo sea quitada, y que la verdad de Cristo sea dada a conocer a mi vida. Soy un hijo de Dios, libre de temor y de complejos. Hoy te pido que cumplas tu propósito en mí. Amén.

3

SOLTAR PARA CRECER: DEJA EL PASADO ATRÁS

"Hermanos, yo mismo no pretendo haberlo ya alcanzado;
pero una cosa hago: olvidando ciertamente lo que
queda atrás, y extendiéndome a lo que está delante".

—Filipenses 3:13

MILES DE PERSONAS se ven diariamente afectadas e influenciadas por un pasado no resuelto que las persigue sin descanso. Todos hemos pasado por diferentes situaciones o experiencias que nos han lastimado, y es por eso que es necesario hurgar en nuestro corazón para sacar aquello que nos dañó o lastimó. Si dejamos que palabras, actitudes o vivencias se vayan albergando en nuestro interior, poco a poco todo lo demás se irá contaminando hasta que el daño sea irreversible o cause un daño permanente en nuestra vida o en la de alguien más.

Imaginemos el siguiente ejemplo: salimos a dar una larga caminata en una montaña, en la que debemos subir, subir y subir. Llevamos una mochila y debemos seleccionar muy bien lo que pondremos en ella, ya que cada gramo cuenta y tendremos que cargarla hasta el final. ¿Llevaríamos diez kilos de manzanas? Obviamente no. ¿Por qué? Porque pesa mucho para el camino. Lo mismo ocurre con el corazón. Cuando acumulamos sin soltar, caminamos con un peso adicional que impide que disfrutemos la vida.

Hasta que no soltemos el pasado y perdonemos, no podremos recibir algo mejor. Muchas veces lo viejo le quita lugar a lo nuevo.

Quizás sin darnos cuenta nos hemos "atado" al pasado: a relaciones que no funcionaron, a los que ya no están o a lo que nos pasó. No somos capaces de ver que delante nuestro se abren otras puertas nuevas y mejores, solo porque tenemos la mirada en el pasado. Al inicio de este capítulo compartí el versículo que está en Filipenses 3:13: "Hermanos, yo mismo no pretendo haberlo ya alcanzado; pero una cosa hago: olvidando ciertamente lo que queda atrás, y extendiéndome a lo que está delante". Pablo sabía que debía olvidarse de lo que había pasado y que debía hacer un esfuerzo intencional en enfocarse y dedicar toda su fuerza a lo que estaba por delante. Si seguía anclado al pasado, difícilmente podría avanzar y tomar lo que estaba adelante.

¡Es tiempo de soltar lo viejo y recibir lo nuevo!

Soltar es darle libertad a algo o a alguien que teníamos retenido. ¿Tienes a alguien o algo retenido en tu corazón? ¿Eres consciente de que eso te tiene estancado y te impide avanzar? No soltar ese algo o ese alguien, es como amarrarnos a un poste y pretender salir corriendo. Podemos tener la fuerza, la salud y la energía, pero estamos atados a algo y no podremos arrancar.

Independientemente de tu pasado, te quiero recordar que naciste para ser feliz y que el pasado no debería determinar tu presente ni tu futuro, aunque hoy lo esté haciendo. Todos hemos vivido situaciones adversas a nivel personal, familiar o emocional que nos han marcado; sin embargo, somos nosotros los responsables de superar eso que nos lastimó, por medio del perdón.

He conocido personas brillantes; con un potencial increíble para poder triunfar, ser exitosos y grandes profesionales que, sin embargo, están dañados por el abandono de un padre, por un abuso sexual, un divorcio u otras situaciones que los dejaron marcados de por vida y que no han logrado superar. Esta discapacidad interna los afecta en el desarrollo de su ser, hacer y lograr, ya que no son estables a nivel emocional.

Cada quien es responsable de las decisiones que toma, en quién o en qué invierte su tiempo, sus fuerzas, energías, pensamientos y recursos. Como lo he mencionado anteriormente, lo que tenemos dentro influye directamente en la manera que hablamos, pensamos y actuamos.

> "El hombre bueno, del buen tesoro de su corazón saca lo bueno; y el hombre malo, del mal tesoro de su corazón saca lo malo; porque de la abundancia del corazón habla la boca".
>
> —LUCAS 6:45

Tal como se muestra en este versículo, lo que hemos guardado durante años en nuestro interior es lo que mostramos en todo lo que hacemos. No hay máscara o maquillaje que perdure, ya que tarde o temprano nos mostraremos como somos en realidad.

Muchas veces podemos reprimir el dolor, una relación o a una persona por temor al qué dirán, a estar solos o a no saber cómo enfrentar el mañana. Esto está llevando a miles a vivir en relaciones enfermizas, llenas de abusos, violencia y codependencia. Pero hoy puedes tomar la decisión de soltar todo lo que te daña, entregarlo al cielo, confiar y agradecer por lo que viene. Todo lo que pesa o lo que es falso hay que soltarlo, a fin de empezar de nuevo y avanzar hacia un rumbo diferente. Solo así, permitiremos que en nuestro corazón se quede lo que es auténtico.

Soltar significa soltar y renovar las emociones negativas que permanecen en nosotros: odio, rencor, temor, duda, soledad, baja autoestima, entre otras. Es permitir que el gran amor de Dios sane cada emoción y que nuestra alma pueda experimentar la paz que sobrepasa cualquier entendimiento humano.

Recientemente, vi un programa de televisión donde mostraban a personas que guardaban cuanta cosa podían, aunque estuviera sucia, vieja o no sirviera. Fue realmente asombroso ver todo lo que van acumulando con los años. Sus hogares se veían descuidados, sucios, viejos, tristes y hasta podría apostar que olían mal. Recuerdo que uno de los casos tenía comida podrida que atraía a los ratones. Era realmente increíble que alguien pudiera vivir en ese estado tan insalubre. Pero lo que más que asombró, fue pensar que para esas personas vivir así era normal. A ellos no les molestaba el olor, como se veía, la falta de espacio para moverse, que todo estaba desordenado y que hasta sus amigos y familiares habían decidido no visitarlos más. Definitivamente, no era un lugar agradable y sano para estar.

¿Cómo puede alguien llegar a acostumbrarse a ese estilo de vida? ¿Cómo puede llegar a perder la sensibilidad por el orden y el aseo, al punto de convivir con comida podrida y con roedores poco amigables? Se acostumbraron a la basura y la veían como algo normal.

Hoy quiero llevarte a la reflexión. Quizás vives en un hogar donde el orden y el aseo son el pan de cada día, y te gusta que huela y luzca todo bien. Pero, ¿cómo estás por dentro? Si pudieras abrir la puerta de tu corazón, ¿qué olor saldría o que tanto orden interno encontrarías?

Quizás no acumulamos cosas materiales de manera compulsiva, pero podríamos estar acumulando pensamientos tóxicos, recuerdos dolorosos, relaciones enfermizas y mucho más que nos va dañando poco a poco.

Cada cierto tiempo yo hago una revisión de la ropa que tengo. Me gusta sacar la que aún está en buen estado y que tengo meses de no usarla para donarla a alguien que le va dar un verdadero uso. Hace poco, me di cuenta de que tenía mucho, pero en realidad no usaba todo. Y eso que en cierta forma era "viejo", estaba quitando lugar para que lo demás se viera mejor. Al final, terminaba poniéndome lo mismo porque no veía más. Así mismo nos ocurre en la vida: nos acostumbramos a lo "familiar", porque hay otras cosas que quitan espacio para que podamos pensar en nuevas opciones o combinaciones. Por eso, es tiempo de limpiar la mente, el alma y las emociones de todo aquello que se ha venido acumulando y que no nos edifica.

Sé que es más fácil sacar una blusa o unos zapatos del armario que terminar con un mal hábito, una relación poco sana o un recuerdo doloroso. Soltar algo no es fácil, requiere de valentía y de un convencimiento total que hacerlo es lo mejor.

DAR VUELTAS EN EL MISMO LUGAR NO ES SALUDABLE

En la vida debemos aprender a cerrar ciclos. Uno de mis pasatiempos favoritos es ir a caminar en la montaña. Recuerdo que una vez fui con un grupo de amigos a un lugar que estaba estructurado por senderos. Yo me adelanté y cuando me di cuenta, me había separado del grupo. Sin embargo, pensé que en unos minutos me alcanzarían y todo estaría bien, por lo que seguí caminando. Al rato de estar avanzando y avanzando me percaté de que me había perdido más, pero decidí caminar porque tal vez así me sería fácil encontrar la salida. El hecho es que duré horas tratando de encontrar el sendero correcto. Era como un laberinto: todos se conectaban, lucían iguales y terminé dando vueltas y pasando por los mismos lugares una y otra vez. Me desesperé. Estaba cansada, no tenía agua y hacía mucho sol y calor. Recuerdo que me senté en una piedra, lloré (de verdad no sabía qué hacer) y oré diciendo: "Espíritu Santo, te pido que me saques de aquí. Yo no puedo, pero tú sí sabes dónde está la salida". Me levanté, empecé a caminar, dejé que mis pies fueran guiados por Dios y después de un rato vi un rótulo que decía: "Salida". ¡Jamás había amado tanto esa palabra!

Esta experiencia me enseñó que cuando creemos que ya no podemos más y vemos que hemos estado caminando en círculos una y otra vez, debemos hacer una pausa, reconocer que solos no podemos avanzar y pedir ayuda al Señor. Fue impresionante cómo después de

> Aunque para nosotros parece imposible, hay alguien que sí tiene una salida segura.

intentarlo en mis fuerzas y no tener resultados positivos, una vez que pedí ayuda al cielo, Dios me escuchó y me sacó. De no haberlo hecho, creo que aún estaría ahí dando vueltas. Aprendí que siempre hay una salida, pero muchas veces no la vemos por estar distraídos o por no buscarla en el lugar correcto. Solo la dirección de Dios me llevó a tomar el sendero correcto y salir de donde tenía horas perdida.

En mi caso fueron horas, pero llegó a ser desesperante y agotador. Quizás tú que lees estas líneas tienes años en la misma situación sin poder salir del círculo negativo. No olvides que, aunque para nosotros parece imposible, hay alguien que sí tiene una salida segura.

> "Para los hombres es imposible —aclaró Jesús mirándolos fijamente—, mas para Dios todo es posible".
>
> —MATEO 19:26, NVI

Podemos ser conscientes de que necesitamos salir de ciertas relaciones o actitudes que nos tienen cautivos, como un hámster dando vueltas en el mismo lugar, pero quizás no sabemos cómo hacerlo o sentimos que no tenemos la suficiente fuerza de voluntad.

Como *coach* de vida mi trabajo consiste en hacerte reflexionar. ¿Hay aspectos de tu vida en los que estás dando vuelta en círculos sin dejarte avanzar? ¿Qué o a quién te ha costado soltar? ¿Por qué te cuesta soltarlo? ¿Qué representa o qué vacío llegó a llenar en tu vida?

Cerrar ciclos forma parte de la vida. Así como en muchos países existen las cuatro estaciones y cada una tiene sus características y funciones, nosotros también tenemos etapas. Hay momentos y personas que son transitorias y otras que se quedan para siempre. Vivir cada etapa es vital e importante, ya que nos prepara para la que sigue. Si

> Ponerles punto final a las diferentes circunstancias no significa que todo terminó, sino que hemos cerrado ciclos y que nos preparamos para lo que viene.

no pasamos el examen, difícilmente subiremos de escalón. Es por eso que es tan importante que identifiques qué ciclo necesitas cerrar.

Ponerles punto final a las diferentes circunstancias no significa que todo terminó, sino que hemos cerrado ciclos y que nos preparamos para lo que viene. Creo profundamente que lo que Dios hace siempre sorprende, por eso vale la pena soltar lo viejo y lo que ya no es, para recibir aquello nuevo que sin duda nos sorprenderá y superará las expectativas que hemos tenido.

> "Yo sé los planes que tengo para ustedes, planes para su bienestar y no para su mal, a fin de darles un futuro lleno de esperanza. Yo, el Señor, lo afirmo".
>
> —Jeremías 29:11, DHH

Este es uno de mis versículos favoritos, porque me recuerda exactamente lo que venimos viendo en este libro, que lo que Dios ha planeado siempre será mejor que lo que nosotros hemos soñado. Hace poco vi una ilustración en la que aparecía una niña con un oso de peluche pequeño, viejo y roto. Jesús estaba frente a ella y le decía: "Dame lo que tienes, tengo algo mejor para ti". Detrás de Él, había un enorme oso de peluche nuevo y hermoso, pero ella tenía miedo y muchas dudas de entregar lo que le era "normal y familiar". Creo que esto nos pasa muchas veces: nos aferramos a lo conocido y lo viejo, aunque nos cause dolor o nos incomode. A menos que rindamos lo que somos, lo que tenemos, lo que anhelamos y lo soñamos, no podremos recibir lo mejor.

Como mencioné anteriormente, todos tenemos una historia, que son los modelos mentales nos han dirigido durante años a tomar decisiones y a actuar. Sin embargo, creo que cada quien debe ser responsable y revisar qué debe eliminar y actualizar para tener una historia llena de esperanza.

- ¿Dónde quieres llegar?
- ¿Lo que hoy tienes te alcanza para llegar a ese lugar?
- ¿Qué te hace falta?

Estas preguntas, que utilizamos comúnmente en las sesiones de *coaching*, nos permiten visualizar si lo que tenemos hoy nos permite proyectarnos hacia

> No es posible crecer y avanzar sino tenemos claro hacia dónde queremos ir.

donde queremos llegar. Si encontramos que la respuesta es "no", inmediatamente debemos buscar qué hacer. Lo que no está en nuestro lenguaje simplemente no existe. No es posible crecer y avanzar sino tenemos claro hacia dónde queremos ir.

Existen dos tipos de lenguajes: el descriptivo, que ve todo como está pasando, y que es negativo y limitado; y el generativo, que ve más allá de lo físico por medio de la fe y la esperanza, y que llama lo que no es como si ya fuera.

¿Cuál de los dos lenguajes utilizamos cada día? Si hablamos de forma descriptiva, no avanzaremos; pero si incluimos palabras que generen contextos, que accionen la fe y que nos permitan caminar hacia nuestra visión, podremos ser personas que identifican su esencia y su ADN, y estaremos listos para alcanzar nuestros sueños.

Los dos monjes

Dos monjes iban cruzando un río. En la orilla, se encontraron con una mujer muy joven y hermosa que también quería cruzar, pero tenía miedo. Así que un monje la subió sobre sus hombros y la llevó hasta la otra orilla.

El otro monje estaba furioso. No dijo nada, pero hervía por dentro y pensaba: *Eso está prohibido. Un monje no debe tocar a una mujer y este monje no solo la tocó, sino que la llevó sobre los hombros.*

Recorrieron varios kilómetros. Cuando llegaron al monasterio, mientras entraban, el monje que estaba enojado se volvió hacia el otro y le dijo:

—Tendré que decírselo al maestro. Debo informar sobre lo que hiciste y que está prohibido.

—¿De qué estás hablando? ¿Qué está prohibido? —le dijo el otro.

—¿Ya lo olvidaste? Llevaste a esa hermosa mujer sobre tus hombros —dijo el que estaba enojado.

El otro monje se rio y dijo:

—Sí, yo la llevé, pero la dejé en el río, hace muchos kilómetros. ¡Tú todavía la estás cargando!

(Autor desconocido)

¡Qué enseñanza nos deja esta historia! ¿A qué te has apegado durante años?

Despegarnos de algo o de alguien no es fácil: requiere de una decisión firme, en ocasiones de ayuda profesional y de un trabajo diario. Es saber amar, apreciar y ver todo desde otro punto de vista más equilibrado y saludable, liberándonos de todo exceso, cadenas o atadura que nos corte las alas para volar. Si nos aferramos a nuestro pasado, moriremos un poco todos los días, hasta llegar al punto de perder la ilusión por la vida.

Entre las principales cosas a las que podemos aferrarnos, están:

- Una relación. Esto sucede cuando somos dependientes de alguien.

- Pensamientos o emociones negativas o erróneas que aprendemos a través de los años, por rigidez o miedo al cambio, y que no tratamos de modificar. En estos casos, es importante aprender a reconocer y cambiar los pensamientos negativos, irracionales y equivocados.

- Una adicción o mal hábito que nos sentimos incapaces de modificar debido a la baja autoestima o por carecer de la motivación y la disciplina necesarias para hacer el esfuerzo que se requiere.

- Una imagen negativa de nosotros mismos, que proviene de un fuerte aprendizaje y un reforzamiento constante.

- Acontecimientos y recuerdos del pasado que nos causan dolor. Con frecuencia, nos aferramos a estos recuerdos porque refuerzan nuestra imagen de víctimas o porque nos mantienen en una posición en la que no tenemos que esforzarnos para enfrentarnos a un presente que no podemos o sabemos manejar.

- Dinero u objetos materiales.

- Esperanzas sin sentido, que no están basadas en la realidad.

Entre los principales motivos por los que nos aferramos, tenemos:

- Miedo al cambio y a lo desconocido, ya que creemos que puede ser muy negativo o difícil de manejar.

- No queremos perder algo que nos gusta y nos causa placer.

- Somos muy rígidos, y esta rigidez nos da, equivocadamente, la sensación de control y poder.

- Un sentimiento de apego, exagerado y negativo, originado cuando éramos bebés.

- Una baja autoestima que nos inmoviliza, aun a lo negativo.

¿Qué hacer?

Debemos hacer un análisis honesto de las emociones que nos están afectando, con el propósito de identificar su causa. Así, podremos darnos cuenta de qué es lo que nos ha estado afectando durante años y soltar el pasado, aprender a vivir el presente, disfrutar de los que están hoy con nosotros y valorar cada momento que vivimos.

Para superar una pérdida o soltar una relación enfermiza, es necesario poner puntos finales y cerrar círculos. Para lograrlo es necesario vivir el duelo, manejar adecuadamente las emociones y buscar en Dios la sanidad de nuestras heridas.

No te aferres a nada ni a nadie: aférrate completamente al Dios que te ama y que está contigo para ayudarte a superar el dolor, el abandono, la burla, la traición y todo aquello que te pudo lastimar.

"De modo que si alguno está en Cristo, nueva criatura es; las cosas viejas pasaron; he aquí todas son hechas nuevas".

—2 Corintios 5:17

La buena noticia es que hay una nueva oportunidad para cambiar. No importa lo que ayer pasó: si tomas la clara decisión de cambiar de actitud, podrás construir un presente y un futuro mucho más positivo y provechoso con la ayuda de Dios. Aplica a partir de hoy esta máxima en tu vida: "Suelto lo que desde ya quedó atrás, lo que ya no es y no existe". El pasado solo debe ser fuente de enseñanza e inspiración. No añores lo que un día tuviste, aprecia lo que tienes hoy. No vivas del amor que un día te dieron, ama a quienes te rodean hoy.

> No importa lo que ayer pasó: si tomas la clara decisión de cambiar de actitud, podrás construir un presente y un futuro mucho más positivo y provechoso con la ayuda de Dios.

El presente es lo único que tenemos, así que debemos aprovecharlo al máximo. Debemos valorarlo y concentrarnos en el futuro, el cual podemos anticipar y anhelar. Quien no lo diseña y lo vive, muere sin una fuente de inspiración.

Soltar para
crecer: el perdón

Todos hemos sido lastimados y heridos en algún momento, y quizás hemos estado luchando para liberarnos de la frustración, el abandono, el abuso sexual, las palabras descalificativas y muchos otros sentimientos. Ese dolor que hemos cargado durante años debemos soltarlo para poder avanzar en lo que hacemos. Es toda una realidad que sin perdón morimos por dentro.

El perdón no es un sentimiento o emoción: es una decisión que tomamos para liberarnos y dejar libre a la persona que nos dañó, se lo merezca o no. No es un beneficio que le estamos dando, sino un regalo que le damos a nuestro corazón.

Perdonar es renunciar al derecho de herir a alguien porque él o ella lo hizo conmigo.

Con el paso de los años, he visto durante mis sesiones que muchos cargan con experiencias, recuerdos o personas que los lastimaron hace mucho tiempo, dejándolos atrapados en esa situación. La falta de perdón ocasiona que la amargura, el rencor, el enojo, el dolor y la frustración estén constantemente presentes. La persona permanece atada a esos sentimientos negativos y, en la medida en que permanece en esa posición, se deteriora su salud y su vida emocional.

En nuestra humanidad, perdonar no es fácil, ya que requiere de voluntad, decisión y perseverancia para sostener el perdón en el tiempo. El perdón es un proceso, y la señal más contundente de que este proceso ha dado fruto se hará evidente cuando un día nos sorprendan los recuerdos de lo ocurrido y ya no experimentemos dolor.

El perdón es la única forma de liberarnos de la amargura

y el rechazo. Solo Dios nos puede dar la fuerza para decidir soltar. Cuando lo hacemos, no podemos pensar si la otra persona se lo merece, porque quizás la respuesta es no; pero lo hacemos para experimentar paz y sanidad. Perdonar no significa que la relación se deba restaurar necesariamente, pero sí nos permite caminar de una forma más liviana.

> Debemos tener en cuenta una realidad: Dios nos perdonó y nos dio una nueva oportunidad.

Debemos tener en cuenta una realidad: Dios nos perdonó y nos dio una nueva oportunidad. Él era inocente, nosotros culpables y, aun así, en su gracia nos dio un ejemplo de amor. De la misma forma debemos nosotros perdonar y bendecir.

"Y nunca más me acordaré de sus pecados y de sus iniquidades".

—HEBREOS 8:12

"Sean buenos y compasivos unos con otros, y perdónense mutuamente, como Dios los perdonó a ustedes en Cristo".

—EFESIOS 4:32, DHH

"Y cuando estén orando, si tienen algo contra alguien, perdónenlo, para que también su Padre que está en el cielo les perdone a ustedes sus pecados".

—MARCOS 11:25, NVI

Aplica, reflexiona y actúa

"No recuerden lo que pasó antes ni piensen en el pasado. Fíjense, voy a hacer algo nuevo. Eso es lo que está pasando ahora, ¿no se dan cuenta?".

—Isaías 43:18-19, PDT

- Reflexiona: ¿Qué necesitas soltar? (una relación, una persona, un recuerdo).

- ¿Dónde quieres llegar? ¿Te alcanza lo que hoy tienes para llegar a ese lugar? ¿Qué te hace falta?

- ¿A quién necesitas perdonar?

- ¿Qué te gustaría estar haciendo como parte de tu crecimiento?

Oración

Padre, te doy gracias por las bendiciones que me has dado. Reconozco que te necesito en cada aspecto de mi vida y por eso hoy le pido al Espíritu Santo que tome el control de mi mente, de mi corazón, de mis emociones y de mi voluntad. Quiero rendirte lo que soy y lo que anhelo ser. Tú conoces mi pasado, presente y futuro, conoces los episodios más felices, pero también los más tristes de mi vida. Hoy te pido que me ayudes a soltar y a perdonar a quienes me han dañado. Tomo la decisión de forma voluntaria de liberar a aquellos que me lastimaron. Los perdono en el nombre de Jesús y los bendigo.

Hoy quiero ser libre, quiero soltar para crecer y avanzar hacia el propósito eterno que tienes para mi vida. En tus manos coloco mi corazón, soy libre en tu nombre. Amén.

4

DESCUBRE TU POTENCIAL Y TU PROPÓSITO

"Pero ustedes son linaje escogido, real sacerdocio, nación santa, pueblo que pertenece a Dios, para que proclamen las obras maravillosas de aquel que los llamó de las tinieblas a su luz admirable".

—1 PEDRO 2:9

LAS NUEVAS GENERACIONES han crecido en medio de muchos adelantos tecnológicos que permiten estar conectados en cualquier momento y lugar del mundo con solo tener acceso a Internet. Sin embargo, este acceso no siempre permite estar conectados con lo esencial.

La generación de los milénicos (los que tienen entre 18 y 34 años) y algunos otros de edades cercanas, han crecido en ambientes de aprobación en los que reciben medallas por lo que hacen. Muchos solo tocan un botón y sus deseos se hacen realidad. Sin embargo, al crecer se dan cuenta de que la vida no siempre es como desean, de que en la realidad no se pueden usar filtros como en las redes sociales y que para alcanzar el verdadero éxito es necesario perseverar, ser pacientes y resilientes. Es acá donde muchos hoy en día están frustrados y estancados, no saben cómo ser productivos o alcanzar aquello que tanto anhelan y, al no tener bases sólidas, toman atajos, lo cual hace que el éxito no sea sostenible en el tiempo.

Tengo más de 17 años trabajando con jóvenes y con otras poblaciones, y he aprendido que lo más importante es conocernos, tener claro nuestro propósito y conocer nuestro potencial. Esto nos permite poder ser intencionales y productivos en lo que hacemos.

A nivel personal, desde que estaba en el jardín de infantes entendí que tenía la habilidad de hablar en público. No me daba temor. Fue así como desde los seis años empecé a desarrollar esa habilidad, que hoy se ha convertido en mi trabajo. Más adelante, descubrí que el escribir, liderar y ayudar a otros me apasionan, y esto me llevó a descubrir más talentos que Dios me dio y que podía utilizar de forma natural para bendecir a miles.

Creo firmemente que conectarnos con nuestro diseño original nos permite ser efectivos, disfrutar la vida, ayudar a los demás, reinventarnos y crecer. Pero la clave, antes de hacer y lograr, es ser. Por eso, en este libro comparto el proceso adecuado para alcanzar las metas y disfrutar el viaje de la vida.

Dios no se equivocó cuando te formó. Él se tomó muy en serio el tiempo que invirtió en ti desde que te pensó, escogió tu nacionalidad, tu familia, la época, tus características físicas, tu personalidad, tu tono de voz, tu color de ojos y cabello; en fin, cada detalle fue escogido con detenimiento. Al pensar en la complejidad del ser humano, nuestro corazón debería saltar de agradecimiento.

> Como parte de su plan, Dios puso en nuestro interior tesoros que tenemos que descubrir y cultivar todos los días.

Además, como parte de su plan, Dios puso en nuestro interior tesoros que tenemos que descubrir y cultivar todos los días. Estos tesoros nos ayudarán a disfrutar más la vida y podremos bendecir a quienes nos rodean.

"El hombre bueno, del buen tesoro de su corazón saca lo que es bueno; y el hombre malo, del mal tesoro saca lo que es malo; porque de la abundancia del corazón habla su boca".

—LUCAS 6:45

Las preguntas que nos tenemos que hacer son: ¿Conocemos los tesoros que hay dentro de nosotros? ¿Qué hay en nuestro corazón? ¿Cuáles son nuestras fortalezas y debilidades? ¿Qué hago de forma natural? ¿Cómo quiero influir en la vida de los demás?

Si vivimos ignorando lo que hay en nuestro interior, nos estaremos incapacitando a descubrir los tesoros más valiosos depositados por Dios con un propósito.

La Palabra nos enseña que todo lo que hemos acumulado en nuestro corazón va a influenciar para bien o para mal, tanto en nuestra vida como en la de aquellos que nos rodean.

Nuestro Creador colocó tesoros maravillosos en lo más profundo de nuestro ser; sin embargo, los afanes de este mundo pueden, con el pasar del tiempo, enterrar esos tesoros. Quizás por eso muchas veces vemos personas que alcanzan el éxito; que son felices; que se desarrollan profesional, familiar y económicamente; mientras nosotros quizás seguimos estancados. ¿Qué paso? Es posible que estemos ignorando el material del que estamos hechos. Si es así, tenemos que empezar a desenterrar los tesoros que desde el inicio Dios sembró en nuestra vida. Cuando lo hagamos, tendremos la convicción de que somos únicos y especiales.

¿CUÁL ES TU POTENCIAL?

Todos somos diferentes. Hasta los hermanos gemelos, que en algunos casos son idénticos, tienen cada uno su diseño y huella personal.

Cuando conocemos nuestro potencial, es decir, las virtudes, capacidades y fortalezas que nos hacen diferentes a los demás, brillaremos con luz propia y seremos la mejor versión de nosotros mismos.

Dios nos ha dotado de un gran potencial, pero muy pocos son los que procuran alcanzarlo. ¿Por qué? Porque no creemos en nosotros, porque nos menospreciamos, porque tratamos de imitar, porque dejamos que los que nos rodean decidan nuestra agenda en la vida. Como resultado, pocos nos dedicamos realmente a descubrirnos como personas y a desarrollar un objetivo propio en la vida.

Para desarrollar nuestro potencial no podemos hacer mucho: debemos enfocarnos y concentrarnos en una meta principal. Nadie ha desarrollado su potencial dividiéndose en múltiples direcciones. Hoy te invito a que hagas una lista en la que coloques tus prioridades. En ocasiones nos saturamos con miles de distracciones: en el teléfono, las redes sociales o la televisión. En donde invertimos nuestro tiempo, dinero y fuerzas se representan nuestras prioridades. Si revisamos aquello que hemos dicho que es importante comparado con lo que nos consume diariamente, nos daremos cuenta de que no siempre lo que llamamos una prioridad lo es. Esto se ha convertido en un obstáculo que estanca a muchas personas y por consecuencia trae frustración.

Enfocarnos, hacer una lista de lo que tenemos por hacer; aprender a decir que no o que sí cuando se requiera; tomar tiempo para estar a solas con Dios y con nosotros mismos;

hacer ejercicio, alimentarnos bien, descansar y disfrutar la vida, son elementos claves que nos ayudarán en el proceso.

Para descubrir nuestro potencial es necesario conocernos y mirarnos introspectivamente: ¿Quién soy? ¿En qué soy bueno? ¿Cuál es mi inteligencia dominante? ¿Qué cosas debo superar? ¿Qué cambios debo realizar? ¿Hacia dónde me dirijo? ¿Qué relaciones debo sanar?

Necesitamos tener claro que somos personas con propósito y que nacimos para realizar mucho más; por eso, estar enfocados en algo que vaya acorde a nuestro diseño o potencial nos permite desarrollar una visión clara. Algo que drena nuestras fuerzas es hacer mucho y no hacer nada.

He escuchado a muchas personas que se sienten atrapadas y frustradas en la vida. Quizás tienen un trabajo que no los satisface y solo lo tienen porque necesitan ganarse el dinero cada fin de mes. Es así como muchos pasan sentados en una silla viendo cómo pasan los años y cómo otros alcanzan sus sueños o metas, y ellos siguen en lo mismo. Creo firmemente en el poder del emprendimiento. Sé que Dios ha depositado grandes talentos y llamados en nosotros, pero también sé que hay que actuar y caminar por fe; pero este concepto debe ser entendido correctamente, ya que no es sentarse a esperar que todo caiga del cielo o que lleguen a nuestra casa, toquen la puerta y de una forma milagrosa alguien nos "descubra".

Las nuevas generaciones cuentan en su mayoría con altos conocimientos académicos, pero muchas veces el ADN del emprendimiento no se enseña en las aulas. Por lo general, surge en aquel que quiere hacer algo diferente e impulsar sus sueños. En lo personal, durante años trabajé en diferentes lugares, pero dentro de mí siempre tuve la inquietud de trabajar en lo propio, de dar conferencias, escribir y buscar aquello que me diera libertad financiera y de tiempo; pero ante todo, de poder sentirme útil aportándole valor a la sociedad.

A la par de mi trabajo a tiempo completo, comencé a desarrollar mis proyectos personales, los cuales fueron poco a poco creciendo hasta que tuve la oportunidad de independizarme. Dar el salto a emprender no es fácil: se corren riesgos que se deben evaluar con sabiduría. Hay momentos de temor y cambios económicos, pero eso nos debe llevar a doblegar esfuerzos y enfocarnos en lo que podemos hacer y las conversaciones que necesitamos tener para generar nuevos contextos de crecimiento personal y profesional de la mano con el propósito de Dios para nuestra vida.

Hoy te animo a soñar, emprender, creer en ti mismo y escuchar en tu interior qué quieres y puedes hacer. No te limites ni copies a nadie; puedes inspirarte en alguien más, pero luego coloca tu huella personal en lo que haces. Dios te diseñó de forma muy única para que puedas brillar con luz propia.

Si donde hoy estás no estás satisfecho, busca moverte poco a poco; sé responsable, pero actúa; la queja no soluciona nada, pero la acción y la fe nos permiten ver puertas abrirse a nuestro favor. En lugar de pensar: *Qué dichosa esa persona, ¡cómo anhelaría estar haciendo lo que él está haciendo!*, piensa en lo que quieres hacer, qué necesitas y qué harás para que eso deje de ser un sueño y lo lleves a la realidad.

Cambiemos la queja y la frustración por la esperanza, la fe y la acción.

Por eso, enfocarnos y priorizar son pasos fundamentales para llegar al lugar que hemos visualizado. Actuemos y empecemos a hablar desde otra perspectiva. Lo que no está en nuestro lenguaje, simplemente no existe; por eso, cambiemos la queja y la frustración por la esperanza, la fe y la acción.

¿QUÉ NOS DESENFOCA?

Con el paso del tiempo, he visto que la culpa, el no tener un norte claro y la falta de determinación, nos retrasan. Mantenernos enfocados no es fácil, pero es importante porque nos permite elegir un camino entre varias alternativas.

Las personas enfocadas llegan lejos y alcanzan una mayor realización. Las que no, se aburren frecuentemente y no se sienten felices con la vida porque carecen de propósito y sentido. Esto es lo que está afectando actualmente a muchos milénicos y a otras generaciones.

La vida no es fácil: todos experimentaremos momentos de dolor. Por eso, debemos mostrar resiliencia, que es la capacidad de volver al estado original una vez que hemos sido expuestos al dolor o al cambio abrupto. No siempre la vida es como deseamos o como la hemos planeado; por eso debemos saber adaptarnos y estar abiertos al cambio.

Nos desenfoca la impaciencia y el querer todo ya. Creo firmemente que para todo lo bueno hay que esperar; requiere de tiempo y preparación. Nada fácil o que valga la pena acontece de la noche a la mañana. Estamos viviendo en los tiempos de la recompensa instantánea. A la distancia de un simple clic podemos comprar lo que se nos antoje. Pero no existe un "aplicación" para la satisfacción personal, laboral espiritual o familiar. No existe un enlace que nos permita desarrollar fortalezas relacionales. Todo requiere tiempo, dedicación, esfuerzo, amor y pasión.

Lo que fácil viene, fácil se va, y esto aplica para todo en la vida.

¿Qué nos inspira?

Esta es una pregunta importante. Debemos reflexionar en lo que nos motiva a hacer lo que hacemos. Si no logramos tener un propósito que nos inspire, llenaremos nuestra vida de muchas actividades con el único objetivo de mantenernos ocupados, pero no tendremos un rumbo definido. Cualquier lugar será nuestro destino y perdemos el tiempo viendo televisión, navegando por Internet, *chateando*, o lo que sea, porque no tenemos consciencia de hacia dónde vamos.

Mantenernos enfocados y con un propósito evita que perdamos el tiempo.

Ante las adversidades de la vida tenemos dos caminos: o nos echamos a morir o decidimos voluntariamente reinventarnos. Nunca sabremos del material que estamos hechos hasta que no nos demos la oportunidad de conquistar lo que nos apasiona. Es ahí donde nos sorprenderemos, cuando descubramos de lo que somos capaces de hacer y que no conocíamos. Nunca sabremos lo que tiene Dios en el futuro si no vamos tras la conquista del desafío que nos inspira. En la vida hay que aprender a arriesgar para ganar, y esto lo logramos cuando descubrimos nuestro ADN de campeones y vencedores; cuando entendemos que no se trata de nosotros, sino de Aquel que mora en nosotros.

"Antes, en todas estas cosas somos más que vencedores por medio de Aquel que nos amó".

—Romanos 8:37

INTELIGENCIA DOMINANTE

Todos tenemos una habilidad que nos identifica; una inteligencia que nos caracteriza; un talento que es tan dominante que, al ejercerlo, todo parece simple y lo realizamos casi sin esfuerzo. Quien descubre su inteligencia dominante, brilla y, quien menosprecia su fortaleza, no supera la mediocridad de la persona promedio.

> "Porque somos hechura suya, creados en Cristo Jesús para buenas obras, las cuales Dios preparó de antemano para que anduviésemos en ellas".
>
> —EFESIOS 2:10

Qué bueno es saber que hemos sido creados para buenas obras; que somos parte de un gran rompecabezas y que juntos mostramos la gran obra de Dios. En lugar de lamentarnos sobre lo que no tenemos, es tiempo de enfocarnos en lo que tenemos y que quizás por estar distraídos o desconectados no hemos visto.

Debemos descubrir quiénes somos y elegir qué queremos ser. Trabajar en nosotros antes de hacer y lograr, será lo que nos garantice tener un carácter firme.

Preguntémonos: "¿Soy víctima de las circunstancias o del pasado, o he decidido ser protagonista de mi vida?

El cambiar nuestras acciones para tener mejores resultados no siempre surge efecto si no cambiamos la forma en la que vemos las cosas y cómo nos relacionamos con nuestras circunstancias. El tipo de observador que somos ante lo que nos pasa y ante los demás influirá mucho en nuestra manera de actuar, pensar y hablar.

A continuación, comparto algunos consejos útiles para que desarrolles tu potencial:

1. **Decide ser la mejor versión de ti mismo.** Trabaja cada día en tu interior y busca crecer integralmente. Si conectas tu esencia con lo que Dios te llama a ser, podrás llevar tu potencial al máximo y cumplir el propósito por el que estás en el mundo. Busca conocer tus habilidades, fortalezas y debilidades. Esto te permitirá saber qué hacer y en qué necesitas buscar apoyo.

2. **Define metas.** Cuando sabemos quiénes somos, podemos enfocarnos en lo que queremos hacer y tener. Las metas nos mantienen vivos, nos permiten levantarnos cada día con la ilusión de trabajar por algo nuevo. Es importante que nos preguntemos qué nos hace falta para alcanzar lo que anhelamos y, a partir de ahí, trabajar para alcanzarlo. Toma un papel y escribe en positivo las metas que quieres alcanzar. Busca siempre que estas metas sean realistas, medibles y específicas.

3. **Trabaja todos los días para lograr tu meta.** Recuerda que lo inmediato no siempre es lo mejor. Todo lo bueno requiere de esfuerzo, trabajo y perseverancia. Sin esfuerzo, no hay recompensa; sin proceso no hay promesa cumplida. Antes de que recibas todo lo bueno que Dios ha planeado para tu vida, debes entrenarte

y prepararte; por eso, no huyas al proceso y comprométete con él.

4. **Confía en ti mismo.** Nadie más podrá confiar en ti, si no lo haces tú primero. La seguridad que mostremos nos permitirá creer que podemos lograrlo, no por nuestros propios méritos, sino por Aquel que mora en nosotros y que nos ha llamado más que vencedores. Muchos hemos tenido que luchar con inseguridades, temores, baja autoestima, complejos y mucho más. Sin duda, algo que hace atractiva a una persona es la seguridad y confianza en sí misma, acompañada de humildad y amor.

5. **Sé flexible.** En la vida todo puede cambiar. Podemos ser organizados y planificados, pero lo único que es constante es el cambio y, para poder enfrentarlo correctamente, debemos tener una actitud correcta que nos permita adaptarnos a las circunstancias, sacar lo positivo y reinventarnos. En tu camino a desarrollar tu máximo potencial habrá muchos cambios. Si te quedas atascado en tus viejas costumbres, tu desarrollo personal se estancará. Concéntrate en aquello sobre lo que tienes influencia y hazlo. Busca aprender y crecer todos los días.

6. **Busca apoyo en otros.** Parte de nuestro diseño original es que vivamos en comunidad y nos complementemos. Los llaneros solitarios no llegan lejos; por eso nos necesitamos los unos a

los otros. Una vez que definimos cuál es nuestro potencial, qué queremos hacer y a dónde deseamos llegar, es vital rodearnos de personas que nos inspiren, y permitir que las conexiones divinas se concreten. Todos necesitamos tener conversaciones claves y el apoyo de alguien más. A la hora de elegir a los que nos acompañan en el viaje de la vida, debemos hacerlo con mucha sabiduría y pedirle a Dios discernimiento, ya que no toda persona es apta para caminar a nuestro lado. Ten siempre un corazón humilde para escuchar y buscar consejo.

7. **Nunca te rindas.** En el camino de la vida nos cansaremos, y quizás nuestro calzado se desgaste, pero no tiremos la toalla. Podemos detenernos a descansar y dar un nuevo respiro, pero el camino continúa y hay que avanzar. Siempre lograrás muchas metas a lo largo de tu travesía, pero no olvides comprometerte con el proceso de superación personal. Recuerda que las habilidades no son estáticas ni fijas. Una vez que hayas llegado al lugar que tanto anhelabas, enfócate en ir por algo más, pero nunca te detengas.

> La visión no es tu punto de llegada: es un punto de partida que define tus decisiones, acciones y conversaciones.

8. **Conéctate cada día con tu misión y visión.** Todos estamos acá por una razón y cuando la descubrimos, podemos avanzar. Esto solo se logra si le preguntamos al Creador para qué estamos acá y hacia dónde debemos ir. Su dirección y su dulce voz nos permitirán avanzar en base a un propósito mayor del que muchas veces somos capaces de ver. La visión no es tu punto de llegada: es un punto de partida que define tus decisiones, acciones y conversaciones.

9. **Todo lo que hagas, hazlo con amor.** La sociedad cada vez está más deshumanizada y el egoísmo está presente cada día. El deseo de tener poder, posición, dinero e influencia está llevando a muchos a tomar decisiones nocivas que dañan a quienes están

> El fundamento de todo lo que hagas ha de ser tu relación personal con Cristo.

a su lado. El fundamento de la vida de Jesús siempre fue el amor. De hecho, la Biblia señala que Dios es amor (ver 1 Juan 4:8). Este debe ser el pilar fundamental en el que edificamos nuestra vida, nuestras metas y nuestro proyecto de vida. Nada de lo que hagamos puede ir en contra de la dignidad de otra persona. Cuando hablamos y actuamos desde el amor, todo es muy diferente. Lo que Dios ha depositado en nuestro interior y en nuestras manos, no es para que nos sintamos "lo mejor del mundo", sino para amar y servir al prójimo. Somos servidores públicos, independientemente de lo que hagamos y donde estemos.

10. **Fortalece cada día tu relación Dios.** El único que te puede decir para qué te formó y cuál es tu propósito es tu Creador. En la medida en que conectes tu interior con el Espíritu Santo, lograrás avanzar y conocer aquello que está oculto y que aún no se te ha mostrado (Jeremías 33:3). El fundamento de todo lo que hagas ha de ser tu relación personal con Cristo.

"Ustedes no me escogieron a mí, sino que yo los he escogido a ustedes y les he encargado que vayan y den mucho fruto, y que ese fruto permanezca. Así el Padre les dará todo lo que le pidan en mi nombre".

—Juan 15:16, dhh

"Te daré los tesoros ocultos, y las riquezas de los lugares secretos, para que sepas que soy yo, el Señor, Dios de Israel, el que te llama por tu nombre".

—Isaías 45:3, lbla

Aplica, reflexiona y actúa

"Porque tú formaste mis entrañas; tú me hiciste en el vientre de mi madre".

—Salmo 139:13

- ¿Cuál crees que es tu propósito?

- ¿Qué don (regalo) Dios te ha dado?

- ¿Cómo lo puedes utilizar para servir a Dios y a los demás?

- ¿Qué te gustaría hacer que aún no estás haciendo?

- ¿Qué te falta para llegar al lugar que siempre has anhelado estar?

- ¿Cuáles son tus habilidades?

ORACIÓN

Señor, hoy te doy gracias porque me diseñaste con propósito. Gracias por que me elegiste desde antes de la fundación del mundo y porque creo que tienes un plan para mi vida. Hoy te quiero rendir mi corazón y pedirte que me dirijas en todo lo que tengo que hacer; cumple tu voluntad en mí.

Permíteme cada día ver la vida con fe, esperanza y amor, y que con mi vida yo pueda bendecir a muchas personas. Ayúdame a describir los dones, talentos y habilidades que has depositado en mí, y que cada uno de ellos sea usado para tu gloria. Amén.

PARTE II
HACER

5

CONSTRUYE UN FUTURO EXITOSO

"Siempre hay esperanza; la esperanza nunca se acaba".
—PROVERBIOS 23:18, PDT

PARA ALGUNOS, EL futuro representa alegría, entusiasmo y expectativa; pero para otros temor, incertidumbre y duda. La buena noticia es que Dios tiene planes para nuestro bien: hay esperanza. Y si conectamos nuestro corazón con el de Él, podremos construir de su mano un camino firme que nos lleve al lugar que anhelamos.

Hemos sido dotados de inteligencia y con la posibilidad de elegir lo que queremos hacer. Dios no ve en nosotros títeres que maneja a su antojo, a pesar de que podría hacerlo porque es nuestro Creador y tiene completo dominio sobre nosotros, Él no trabaja así. Por el contrario, nos dio libertad —no libertinaje— para actuar como deseemos. Todo lo que sembremos, bueno o malo, será parte de la cosecha.

Hoy somos el resultado de las decisiones de ayer, y mañana seremos lo que decidamos hoy; y así vamos construyendo la vida. Ya no podemos seguir siendo víctimas de las circunstancias o de las decisiones de los demás. En nosotros está el poder de reinventarnos, de tomar un nuevo rumbo y empezar de nuevo.

He visto en las nuevas generaciones mucha hambre de poder, tener y hacer. El ser emprendedor y esforzado es muy bueno, pero debemos hacerlo con la motivación correcta, como vimos en los primeros capítulos de este libro. Si conectamos nuestro interior con el exterior, seremos imparables y exitosos, porque habremos comprendido dónde radica la base del verdadero éxito.

Toda acción tiene una consecuencia, pero antes está un observador que decide y elije qué quiere hacer y hacia dónde debe caminar, se compromete y trabaja arduamente para lograrlo. La gente fracasa más por la falta de perseverancia que por hacerlo mal. Si estamos comprometidos, podremos diseñar un futuro extraordinario con la ayuda de Dios.

Ante los retos de la vida siempre surgirá lo que en *coaching* conocemos como "juicios automáticos"; es decir, las excusas que ponemos para no ir más allá de lo que nos es familiar o lo que nos hace sentir cómodos.

> Lo he visto en muchas ocasiones: lo que anhelamos está muy lejos de nuestras acciones. Así nada nunca se hará realidad, porque con solo desearlo no basta.

Para poder construir un futuro debemos definir con claridad nuestra misión y visión, y a la vez estar muy conscientes de que cada decisión que tomemos nos debe llevar a ese lugar. Lo he visto en muchas ocasiones: lo que anhelamos está muy lejos de nuestras acciones. Así nada nunca se hará realidad, porque con solo desearlo no basta.

Una vez que definimos nuestra misión y visión, debemos poner en nuestro lenguaje el futuro, hablar positivamente y vivir desde el lugar al que queremos llegar, y no desde donde nos encontramos, de las limitaciones o las carencias.

El lenguaje de la fe nos invita a hablar el lenguaje de Dios: "Así que Abraham creyó en el Dios que da vida a los muertos

y que llama las cosas que no son como si ya existieran"
(Romanos 4:17, NVI).

Es decir, el lenguaje que usamos debe ser útil para construir un futuro extraordinario y crear relaciones interpersonales con propósito.

CONSTRUYENDO MI
PROYECTO DE VIDA

La pregunta en este punto no es dónde estás, sino dónde
quieres estar. Aquí todo cobra un sentido diferente, porque
lo que llevarás de un lugar a otro es tu compromiso, tu visión, tu lenguaje, tus acciones, y ante todo la fe. Nada en la
vida pasa por casualidad; debemos ser intencionales en cada
paso que damos.

La vida es como un proyecto. Cuando alguien va a construir una casa o un edificio, hay ciertas pautas que debe seguir que garantizan que el proyecto sea viable y seguro. Lo
mismo pasa en nuestra vida: improvisar no es del todo malo
en ciertas circunstancias, pero si lo convertimos en nuestro
estilo de vida, seremos mediocres. Dios nos ha dado la capacidad de crear la realidad y la vida que queremos. No todo lo
que acontece es culpa de los demás ni mucho menos de Dios;
en la mayoría de los casos los únicos responsables somos nosotros mismos porque quizás actuamos prematuramente,
decidimos de una forma emocional, hablamos con ira o actuamos haciéndonos las víctimas. Pero la buena noticia es
que Dios nos da una nueva oportunidad para construir algo
nuevo y empezar hoy mismo a diseñar un futuro exitoso que
sea de bendición personal y que transforme muchas vidas.

Un proyecto es un plan que, para poderlo concretar, se
asocia al concepto de realización personal. Cada involucrado

ha de definir conscientemente las opciones que puede tener para conducir su vida y alcanzar el destino que se propone.

Tener un proyecto de vida le proporciona un *por qué* y un *para qué* a la existencia humana, dándole sentido al presente. Y es que de alguna manera se vive del presente, pero sin perder de vista que el futuro se construye día a día.

El tener claro que en nuestras manos está la posibilidad de construir un futuro extraordinario, nos motiva a vivir cada día y canalizar el esfuerzo en función del crecimiento personal. Para concretar este proyecto, que es el más importante que emprenderemos mientras respiremos, necesitamos eliminar los obstáculos que nos limitan a crecer y realizar cambios positivos.

Cuando se asume un proyecto de construcción, debemos emplear los mejores materiales, ya que el tiempo se encargará de probarlos. Lo mismo pasa en nuestra vida: si nuestros cimientos son sólidos, podremos levantar algo grande; pero si son débiles el éxito y la felicidad serán temporales.

> "Cualquiera, pues, que me oye estas palabras, y las hace, le compararé a un *hombre prudente*, que edificó su casa sobre la roca. Descendió lluvia, y vinieron ríos, y soplaron vientos, y golpearon contra aquella casa; y no cayó, porque estaba fundada sobre la roca. Pero cualquiera que me oye estas palabras y no las hace, le compararé a un *hombre insensato*, que edificó su casa sobre la arena; y descendió lluvia, y vinieron ríos, y soplaron vientos, y dieron con ímpetu contra aquella casa; y cayó".
>
> —MATEO 7:24–27,
> ITÁLICAS AÑADIDAS

En este ejemplo vemos dos tipos de hombres: el prudente y el insensato. Los diferencia lo que hicieron y los elementos que utilizaron para construir su casa. Ambos recibieron lluvias, los ríos crecieron y soplaron fuertes vientos, pero lo que marcó la diferencia era lo que sostenía aquella casa. ¿Eres una persona prudente o insensata?

Una persona prudente dedica tiempo a cultivar su interior y a reflexionar; ve todo el panorama; medita las decisiones, las valora y las consulta con otros y, ante todo, con Dios. Pero el insensato es emocional; actúa de forma impulsiva; es vago; todo lo quiere rápido y no planifica ante lo que podría venir, ya que se ha dejado conquistar por la cultura de lo fácil y lo inmediato, olvidando que todo lo bueno requiere tiempo y mucho trabajo.

Nunca dejes de soñar, pero actúa

Soñar es gratis, pero no basta con quererlo. Todo en la vida requiere de esfuerzo, pues nada bajará del cielo si no hay de por medio una persona de fe, comprometida en alcanzar su visión.

> Todo en la vida requiere de esfuerzo, pues nada bajará del cielo si no hay de por medio una persona de fe, comprometida en alcanzar su visión.

- ¿Te acuerdas del sueño que tenías de niño?

- ¿Por qué hoy haces lo que haces?

- ¿Eres el resultado de las elecciones o de las circunstancias?

Las excusas no nos llevaran a ninguna parte. Son muchas las historias de éxito de personas con limitaciones físicas, económicas o de posibilidades, al igual que las hemos tenido nosotros. La diferencia está en que ellos siguieron soñando y sus sueños hicieron que se levantaran una, dos y hasta mil veces.

Independientemente de tu edad, estado civil, profesión o nacionalidad, date la oportunidad de hablar con Dios; conecta tu corazón con tu "ser"; define qué quieres hacer y avanza hacia allá. Recuerda que el cielo es el límite.

Ese sueño que Dios ha plantado en tu corazón, en tu ADN, no se hará realidad por casualidad. Hay un precio que pagar. Este libro que lees no fue escrito de un día para el otro; tardé más de un año en gestarlo, construirlo y darlo a luz. Fueron procesos largos y fuertes entre Dios y yo, en lo privado, donde nadie veía. Horas de escribir, escribir y escribir; libros consultados y leídos; conversaciones, capacitaciones y, ante todo, vivencia personal. Primero fue el libro *El valor de la espera*, que fue exitoso por la gracia de Dios, y hoy este que tienes en tus manos. Estos materiales han requerido mucho tiempo y esfuerzo, pero ha valido la pena para la gloria de Dios. Nada es gratis; el éxito no es casualidad, sino que se construye todos los días.

Obstáculos para construir algo nuevo

1. **No creer en nosotros mismos.** Si bien es necesario revisar lo que hacemos y ver oportunidades de mejoras; la autocrítica, el perfeccionismo, la descalificación y la baja autoestima nos impiden ver los recursos que sí

tenemos y todas las perlas que hay en nuestro interior, que si bien es cierto están en el proceso de ser descubiertas, no podemos enterrarlas.

2. **Compararnos de forma nociva con otros.** Siempre habrá personas más inteligentes, con más recursos, más hermosas, etcétera. Pero algo que es muy dañino es estar viendo a los demás y perdernos de vista. Esto nos impide valorarnos; por eso es vital hacer la paz con nosotros mismos. Cuando nos comparamos con otros, es fácil que brote la envidia, que tanto daña al corazón.

3. **Responsabilizar a los demás.** A pesar de lo que hayamos podido vivir, tenemos el deber de velar por cómo nos sentimos, lo que hacemos y lo que hablamos. Si alguien nos hizo daño, perdonemos y pasemos la página, ya que endosarle nuestra felicidad o sanidad emocional a alguien más, denota inmadurez de nuestra parte.

4. **Escuchar voces negativas.** Los ambientes y las personas con las cuales nos relacionamos influyen directamente en nosotros para bien o para mal. Por eso, evitemos conversaciones tóxicas que maten nuestros sueños, que nos hagan pensar que no podremos construir nada diferente y que la resignación debe ser parte de nuestra vida. La mayor pobreza es la que está en la mente y en el corazón.

5. **Posponer.** Cuando algo realmente importa (y esto es así para todo en la vida) debe tomar un papel de importancia. No existe la falta de tiempo, sino la falta de interés. Por eso cuando posponemos algo significa que no nos es relevante y que hay muchas otras cosas, personas o decisiones que tienen más valor en nuestra vida. El síndrome de: "Tuve toda la intención, pero [...]" es terrible, ya que con tener buenas intenciones o deseos no logramos nada. El paso más importante para alcanzar nuestras metas es actuar.

La misión

Para poder construir un futuro extraordinario tenemos que conocer la razón principal por la que estamos en este mundo. No es por pura casualidad; tampoco por crecer y reproducirnos; trabajar de sol a sol, casarnos, tener hijos y por último morir. Hay una razón medular que debe ser mostrada y revelada en nuestro espíritu para poder caminar en esa verdad.

Ya analizamos en capítulos anteriores lo valioso que es saber quiénes somos: reconocer, declarar nuestra identidad y desarrollar esa conciencia de misión que es nuestro propósito de vida y la tarea para la cual nos diseñaron.

Definirla es muy importante, ya que por más éxito que alcancemos, si no tenemos claridad en la vida reinará el aburrimiento, la monotonía y los vacíos que trataremos de llenar con algo más. Cuando caminamos desde nuestra misión, bendeciremos a los que están a nuestro lado.

Es bueno crear una declaración escrita de nuestra misión.

Esto requiere reflexión, introspección y un esfuerzo mental. Se escribe en tiempo presente y describe a la persona que tú crees que Dios quiere que seas. Y más importante aún, te desafía a decidir quién quieres llegar a ser, trayéndote al presente para que actúes y lo logres. Te ayuda a decir "sí" o "no" cuando requieras hacerlo.

LA VISIÓN

Tener claras nuestra misión y visión nos permite tomar decisiones que nos acercan al lugar que deseamos llegar. La misión nos ayuda a identificar quiénes somos. La visión nos llevará a un punto de partida para actuar en el presente y responder a la pregunta: "¿Quién quiero ser?". Esto nos lleva a asumir un compromiso real con el lugar al que queremos llegar.

> Tener claras nuestra misión y visión nos permite tomar decisiones que nos acercan al lugar que deseamos llegar.

Estas preguntas nos ayudan a definir la ruta. ¿Dónde queremos estar en diez años? ¿Cuál es la visión que tenemos para nuestra familia?, ¿Qué acciones necesitamos tomar para llegar ahí? Recordemos que nada ocurre por casualidad. Tenemos que bajar los sueños a la tierra.

La visión debe ser incorporada a nosotros, debe despertar pasión y generar un lenguaje diferente. Quizás no siempre alcanzaremos los objetivos; pero la visión seguirá vigente en nuestro interior y nos impulsará a ser perseverantes.

Cuando definimos una visión poderosa y que nos apasiona, se convierte en nuestra razón de ser cada día y nos lleva a actuar responsable e intencionalmente.

Nuestra visión vive en el lenguaje que utilizamos, en las conversaciones que tenemos y en las acciones diarias.

Una vez que hemos incorporado la misión y la visión a nuestra vida, debemos cada día planificar lo que hacemos en torno a ellas. Por eso, recomiendo anotar ambas en algún papel o libreta que estemos revisando constantemente.

> "Y el Señor me respondió: escribe la visión, y haz que resalte claramente en las tablillas, para que pueda leerse de corrido. Pues la visión se realizará en el tiempo señalado; marcha hacia su cumplimiento, y no dejará de cumplirse. Aunque parezca tardar, espérala; porque sin falta vendrá".
>
> —Habacuc 2:2-3, NVI

¿Cuál es tu excusa?

Algunas veces las preguntas son las mejores maestras, debido a que nos llevan a la reflexión sin tener que reaccionar de inmediato. Tú y yo tenemos muchos anhelos, sueños, metas o proyectos que deseamos trabajar, sin embargo, el tener una excusa para liberar responsabilidades o justificar nuestra falta de compromiso se convierte muchas veces en parte de nuestra vida y lo vemos como algo normal.

Quiero hacerte una pregunta y te pido que dediques un tiempo a que la interiorices: ¿Cuál es tu excusa?

Cuando yo me hago esta pregunta, muchas imágenes vienen a mi cabeza y recorren diferentes aspectos de mi vida que no son como exactamente quiero que sean. Mientras esgrimimos excusas, otros están avanzando.

Las excusas y la responsabilidad no van de la mano. Debemos entender que si algo en nuestra vida no es como queremos que sea, nosotros y solo nosotros somos los responsables de cambiarlo. Debemos creer que crear soluciones a los desafíos de la vida depende de nosotros. Cada vez que nos excusamos disminuye nuestro respeto, nuestra credibilidad e integridad. A la final, las excusas se convierten en una adicción y un muy mal hábito.

El reto es a comprometerte contigo mismo a librar de excusas cada aspecto de tu vida a nivel personal, laboral, familiar, espiritual, de salud, de alimentación, de ejercicio, académico y financiero.

Si surge una situación en la que puedas dar una excusa di: "¡Soy responsable!", y pregúntate: "¿Qué pude hacer para evitar el problema?".

No se trata de autoflagelarte o de culparte por todo justificando los errores de otros, sino de programarte mental y emocionalmente a asumir tu rol y construir un futuro extraordinario con la ayuda de Dios.

Es hora de que abandones el papel de víctima y seas el líder de tu vida.

CONSTRUYE RELACIONES SALUDABLES

Parte de nuestro diseño es vivir en comunidad. Ser un llanero solitario no trae beneficios reales a nuestra vida. Si bien es cierto que la convivencia humana no es fácil, tenemos que tomar en cuenta que nos necesitamos los unos a los otros; somos complementos y juntos podemos lograr más.

Un dicho popular señala: "Si quieres llegar rápido ve solo, si quieres llegar lejos ve acompañado". Y esto requiere de un trabajo diario, paciencia, amor, tolerancia, comprensión, humildad, perdón buena comunicación, fidelidad y todas aquellas competencias que nos capacitan para construir relaciones significativas tanto en nuestra familia, con nuestra pareja y amigos.

Las relaciones no son producto de la casualidad. Se construyen todos los días con actos de bondad. Si bien es cierto que no hay familias perfectas, sí es posible trabajar en beneficio de una familia saludable.

Hoy en día tenemos muchos medios para estar conectados; sin embargo, creo que estamos viviendo en la era de la desconexión, y no me refiero a la tecnología, sino al tema de una grave y lamentable desconexión emocional. Podemos estar presentes en un lugar de manera física, pero nuestras acciones muestran que nuestro corazón, interés y prioridades están en otro lugar.

Hemos dejado de valorar a los que sí están a nuestro lado. Hoy vemos más una pantalla de celular o de algún dispositivo electrónico, que los ojos de los que nos rodean.

Nos vemos para tomar un café y conversar, pero lo primero que sacamos y colocamos en la mesa es nuestro teléfono, porque si alguien nos *textea*, ¡guao!, debemos responder inmediatamente. Cada vez que estamos en la mesa con alguien, quien sea, y atendemos el celular le estamos enviando un mensaje indirecto al que está al frente: ¡No me interesas tanto como para sacar este espacio solo para ti! Y peor aun cuando hay un grupo y cada quien anda con el celular en la mano. Cuando veo esto pienso: habría sido mejor que todos se quedaran en sus casas y chatearan desde ahí. ¡Hasta más barato les saldría! No quiero decir que yo no cometo todos estos errores; claro que sí los he hecho y muchas veces, pero soy consciente de que no está bien y estoy trabajando para corregirlo, y me gustaría motivarte a que también lo hagas.

La dopamina es un neurotransmisor que se encuentra en las regiones del cerebro que regulan el movimiento, la emoción, la motivación y los sentimientos de placer. Estudios han demostrado que segregamos dopamina cuando hacemos un uso excesivo de las redes sociales o los mensajes de texto, convirtiéndolo en una adicción. Hoy vemos a muchas personas que cuando llegan a un lugar y deben esperar, lo primero que buscan es refugiarse en el celular. Hoy contamos los "me gusta" que nos ponen en las fotografías que subimos a las redes sociales o a los comentarios que hacemos, con el único objetivo de buscar aprobación. Este tipo de adicción a estar pendientes de lo que pasa, de lo que otros publican, del alcance que tienen nuestras publicaciones, alimenta la dopamina, la cual hace que me sienta bien y aceptado, creando así falsas ilusiones y destruyendo relaciones.

En mi caso, he adoptado el hábito de llevar un libro siempre en mi bolso. Cuando debo esperar, me esfuerzo en sacarlo en lugar de mi celular y poder aprovechar esos espacios para desconectarme de la tecnología y permitir que mi cerebro tenga material nuevo y fresco. Estamos perdiendo buenos momentos de reflexión, e incluso de tener espacios de creatividad, de contemplar el entorno o de tener nuevas conversaciones por estar excesivamente pendientes del celular.

Claro que no estoy en contra de su uso ni de las redes sociales: yo uso ambas cosas todos los días y les dedico bastante tiempo, pero estoy consciente de la cantidad de tiempo que podemos "perder" y que esto nos está restando la capacidad de construir relaciones con propósito que se mantengan en el futuro. Nunca un texto o una llamada por video podrá igualarse al vernos a los ojos, abrazarnos, tomarnos de la mano. El tener contacto físico y poder hablar cara a cara nunca será igual, y lo más lamentable es que lo estamos perdiendo. Quizás somos medios conscientes del problema, pero no hacemos nada para tener un cambio.

ES TIEMPO DE CONECTAR

"Y sobre todas estas cosas vestíos de amor, que es el vínculo perfecto".

—COLOSENSES 3:14

El amor es y será siempre la base de las buenas relaciones, junto al respeto.

A continuación, comparto algunos consejos para que puedas conectarte mejor con los demás:

1. **Fortalece intencionalmente las relaciones con los que están a tu lado.** Debes dedicarles tiempo intencionalmente, así como expresar sentimientos, sin suponer que los demás saben que te interesan. Muéstrales actos de bondad cada día.

   Quizás por nuestra crianza o cultura no somos muy dados a ser expresivos o nos cuesta abrir nuestro corazón, pero recordemos que el amor no es un sentimiento, sino una decisión que tomamos en expresarle a la persona que está a nuestro lado: me interesas.

   Cuando estés conversando con alguien, guarda tu celular o ponlo en silencio. Presta atención y atiende a una persona a la vez.

2. **Revisa tus acciones y actitudes.** Medita en lo que pudiera estar impidiendo que construyas relaciones significativas a nivel de pareja, de familia y con los amigos. Todo lo que siembres, lo cosecharás. Cuida tus palabras, tu tono de voz, y cuándo y cómo te expresas.

3. **Aprende a manejar la ira y la frustración.** Si no tienes dominio propio, deteriorarás cualquier relación. Si sabes que este es un aspecto que debes mejorar, tienes que identificar qué es lo que activa las malas reacciones en ti.

4. **Elije escuchar más y hablar menos.** No en vano Dios te dio dos orejas y una boca. Sin embargo, muchas veces somos más rápidos para decir lo primero que nos pase por la mente, sin pesar si eso puede o no dañar a la otra persona.

5. **Cultiva la paciencia, la tolerancia, el respeto y la empatía.** Sin estas cualidades no podrás construir ninguna relación. Es una decisión diaria incorporarlos día a día de forma consiente. Respira y cuenta hasta diez antes de actuar.

6. **No busques controlar a nadie.** La única persona a la que puedes controlar es a ti mismo. Deja la manipulación a un lado. Elimina los gritos de tus conversaciones y si algo no te gusta, elige el momento oportuno para expresarlo, pero nunca irrespetes a nadie.

7. **Elije el amor, ante todo.** Como ya lo mencioné, construir relaciones interpersonales no es fácil. Pero si lo haces desde el amor de Dios, todo será diferente. No juzgues; ama y acepta. Busca resaltar las características positivas de

los demás y pon a un lado lo negativo. A fin de cuentas, tú también tienes lo tuyo.

APLICA, REFLEXIONA Y ACTÚA

"Porque mis pensamientos no son los de ustedes, ni sus caminos son los míos, afirma el Señor. Mis caminos y mis pensamientos son más altos que los de ustedes; ¡más altos que los cielos sobre la tierra".

—ISAÍAS 55:8–9, NVI

- ¿Cuál es tu misión? ¡Escríbela!

- ¿Cuál es tu visión? ¡Escríbela!

- Menciona algo que no has hecho y que te gustaría hacer. ¿Por qué aún no lo has hecho?

- ¿Cuáles son tus excusas más comunes? Una vez que tengas la lista, puedes contrarrestarlas con acciones positivas. Ejemplo: "No hago ejercicio porque no tengo tiempo". Levántate media hora antes y comienza a caminar 20 minutos al día.

- Enumera cinco acciones que realizarás a partir de hoy para llegar a alcanzar aquello que anhelas.

- ¿Qué relaciones necesitas fortalecer? ¿Qué harás de manera intencional para lograrlo?

ORACIÓN

Padre, te doy gracias por la vida que me regalas y también por la posibilidad que me das de construir con tu ayuda un futuro extraordinario. Gracias, por que me has elegido y me has dado una misión y me has inspirado una visión de vida. Sé que tienes planes para mi bien y no para mi mal; por eso hoy te pido que me ayudes a conectar mi corazón con el tuyo y que yo pueda avanzar hacia aquello que has preparado para mí. Hoy te pido que amplíes mi visión y que elimines las limitaciones y las excusas mentales que se han afianzado en mi interior. Ayúdame a amarte a ti, a mí mismo y a los que están a mi lado; que cada día yo pueda bendecir a alguien y construir relaciones significativas. Te doy gracias porque soy parte de un propósito mayor. Amén.

6

SUPERA LA ADVERSIDAD

"Perseguidos, mas no desamparados;
derribados, pero no destruidos".
—2 Corintios 4:9

Cuando la vida se complica, podemos reaccionar como una zanahoria, como un huevo o como un café. En una ocasión, una hija se quejó ante su padre por lo difícil que era todo para ella. Tan pronto resuelvo un problema, le dijo al padre, aparece otro. Estoy cansada de luchar con los problemas. Su papá, un cocinero, la llevó a la cocina y puso en la hornilla tres ollas con agua a fuego alto. Pronto, el agua comenzó a hervir. En una de ellas puso zanahorias, en la segunda puso huevos, y en la última puso granos de café. Dejó que se asentaran e hirvieran, sin decir una sola palabra. La hija esperó impaciente, mientras se preguntaba de qué se trataba todo eso. Después de un rato, él volvió y apagó cada una de las hornillas. Inmediatamente, sacó las zanahorias de la primera olla y las puso en un envase. Luego, sacó los huevos y los puso en otro envase. Por último, echó el café en otro envase. Volviéndose a su hija le preguntó:

—Hija, ¿qué ves aquí?

—Zanahorias, huevos y café —le contestó ella.

Él le pidió que se acercara y tocara las zanahorias. Ella las tocó y sintió que estaban blandas. Luego le pidió que cogiera un huevo y lo rompiera. Después de quitarle el cascarón, pudo ver y sentir el huevo endurecido. Finalmente, le pidió que probara el café. Ella sonrió, y degustó su rico sabor.

—¿Qué significa esto, papá?

Él le explicó que cada uno de ellos había enfrentado la misma adversidad —agua hirviente— y, sin embargo, cada uno reaccionó en forma diferente. La zanahoria estaba fuerte y dura, pero después que se sometió al agua hirviente, se ablandó y se puso débil. El huevo era frágil. Su fino cascarón protegía el líquido interior, pero después de pasar por el agua hirviente su interior se endureció. Los granos de café fueron únicos. Después de pasar por el agua hirviente transformaron el agua.

La adversidad forma parte de la vida. Aunque amemos a Dios y seamos cristianos, no estamos exentos de pasar por momentos de prueba y dolor. La buena noticia es que no enfrentaremos esos momentos solos y que todo lo que acontezca, aunque no lo entendamos, puede servir para nuestro bien si confiamos en los planes eternos de Dios para nuestra vida.

¿Cómo reaccionarías si la adversidad tocara a tu puerta? La historia que leímos anteriormente expone tres elementos que fueron expuestos a la misma prueba: agua hirviendo. El agua hirviendo puede representar un despido laboral, una ruptura amorosa, una enfermedad, una crisis económica, un divorcio, una muerte o cualquier otro momento difícil. El secreto está en lo que permitimos que suceda en nuestro interior. Podemos debilitarnos como la zanahoria, endurecernos como el huevo o transformarnos en un delicioso café. A los que nos gusta esta bebida, sabemos que el olor que se desprende cuando el agua hirviendo toca el café es incomparable. Lo mismo puede pasar en nuestra vida si lo permitimos: lejos de que la prueba nos mate o nos deje estancados, podemos reinventarnos, sacar provecho de la adversidad y permitir que algo nuevo surja.

Como dije anteriormente, la adversidad forma parte de la vida. Hay cosas que no podemos evitar y que se salen de nuestro control, pero es nuestra responsabilidad prepararnos y superar aquellos obstáculos que están delante de nosotros. No podemos evitar que los gigantes estén ahí. Incluso pueden llegar de sorpresa. Por eso, es nuestra responsabilidad fortalecer cada día nuestro interior, para que cuando ellos surjan en el camino tengamos las herramientas correctas para hacerles frente.

En nuestro día a día o en el camino de alcanzar alguna meta o anhelo la adversidad estará presente. La vida no siempre es como queremos que sea y esto es algo que debemos aceptar; de lo contrario, viviremos frustrados y hasta nuestra fe se puede ver afectada.

Desde hace unos años he venido tomando el hábito de hacer ejercicio como un estilo de vida. Decidí amarme y cuidarme con lo que como y saco tiempo para practicar algún tipo de deporte. Recuerdo que varias veces me inscribí junto algunos amigos para practicar carreras de obstáculos en las que teníamos que pasar por el barro, por el fuego o por el agua. Subir, bajar, gatear, entre otros retos, formaban parte de la diversión, del trabajo en equipo y del esfuerzo personal.

De esos inolvidables momentos, aprendí algunas lecciones importantes:

- La vida es una carrera de resistencia, no de velocidad. Cada día tendremos obstáculos y adversidades que debemos superar, y para ello tenemos que ser fuertes, valientes y entrenar todos los días la parte emocional, física y espiritual.

- Todos necesitamos rodearnos de personas que nos hagan crecer y nos ayuden a superar la adversidad. Recuerdo que en varias de estas carreras necesité una mano amiga que me ayudara a superar los obstáculos, ya que sola no habría podido hacerlo.

- Si necesitamos ayuda, busquémosla. No nos escondamos cuando el dolor toque a la puerta de nuestro corazón. Tenemos que tener presente que siempre hay soluciones. Si estamos enfrentando un fuerte dolor emocional, siempre hay esperanza y sanidad.

- La adversidad está diseñada para nuestro crecimiento personal y para ser superada: recordemos de cuántas situaciones Dios nos ha sacado. Si lo hizo una vez, lo seguirá haciendo cuando sea necesario, porque Él es fiel.

- Cuando enfrentamos momentos de adversidad, debemos cuidar celosamente lo que pensamos, ya que esto influirá directamente en la manera en que nos sentimos y actuamos. La mente es poderosa para bien o para mal.

- El fracaso no significa el fin. La adversidad nos permite descubrir inteligencias ocultas y nos da la oportunidad de reinventarnos.

CÓMO RELACIONARNOS
CON LA ADVERSIDAD

Como ya mencioné, la adversidad, los retos y los fracasos son parte de la vida y debemos entender que tarde o temprano tocarán a la puerta de nuestra vida o familia. No quiero sonar fatalista o pesimista, pero creo que cuando tenemos esto claro nos es más fácil prepararnos cada día para ser personas "todo terreno", que saben enfrentar las subidas y las bajadas de la vida y que, independientemente de las circunstancias, creen en Dios y en sí mismos, recordando que no avanzamos por vista sino por fe. Quizás de pequeños tuvimos padres o familiares que corrían a nuestro auxilio cada vez que estábamos en apuros, y esto limitó un poco el desarrollo de nuestro carácter y fuerza interna. O tal vez crecimos en un hogar marcado por el dolor, el abandono y el sufrimiento, y hoy nuestro corazón está dolido porque creemos que la vida ha sido injusta con nosotros.

Hoy quiero que te preguntes: ¿Qué interpretación tengo de lo que me acontece? ¿Cómo reacciono cuando algo no sale como yo lo tenía planeado? ¿Me es fácil reponerme y buscar una solución estratégica o me quedo paralizado, enojado, frustrado y triste?

Muchas veces tiene más peso en nuestra vida la manera en que reaccionamos ante las circunstancias y el enfoque que damos a los acontecimientos, que las mismas circunstancias o acontecimientos.

"Yo les he dicho estas cosas para que en mí hallen paz. En este mundo afrontarán aflicciones, pero ¡anímense! Yo he vencido al mundo".
—JUAN 16:33, NVI

91

Es en medio de los momentos de más dolor y aflicción que nuestra fe y confianza en Dios son llevadas a su máxima expresión. Hay verdades y promesas espirituales que toman un matiz muy diferente cuando estamos enfrentando escasez, enfermedad, desempleo, etcétera. No es lo mismo leer un versículo durante la época de las "vacas flacas", que en la de las "gordas". Pero en medio de todo, Jesús nos hace una clara invitación: es en mí que hallarán paz. Enfrentarán momentos fuertes, pero yo estoy con ustedes. ¡Qué gran promesa!

Por eso, debemos revisar qué tipo de observadores somos y cómo nos relacionamos con la adversidad. Si la superamos, creceremos, desarrollaremos carácter, habilidades e inteligencias ocultas que nos permitirán avanzar en el hacer y el lograr, llegando así al cumplimiento de la visión.

La adversidad
nos ayuda a crecer

Creo firmemente lo que dice Romanos 8:28: "Y sabemos que a los que aman a Dios, todas las cosas les ayudan a bien, esto es, a los que conforme a su propósito son llamados". Aunque muchas veces no entendamos nada, podemos tener la certeza absoluta de que todo es para nuestro bien y de que somos llamados de acuerdo a un propósito, el cual requiere de preparación.

Personalmente, he pasado por momentos y experiencias que sinceramente, me ha costado entender que hay un plan en ellas. Son muchas las veces que me he preguntado: ¿De verdad esto me ayuda para bien? Y en muchas no he tenido respuesta. Pero corresponde creer.

Creo que no hay promesa sin proceso. Por eso, cuando cambiamos el lente por el cual vemos lo que nos pasa, dejamos de cuestionar todo y simplemente nos rendimos. Allí es cuando tenemos paz y quietud. La adversidad nos puede marcar, destruir o fortalecer. Lo que acontezca depende de cómo reaccionamos y llevamos el proceso.

Debemos tener en cuenta que nada es permanente: todo desierto tiene puerta de salida y toda prueba fecha de salida. Por eso, debemos aprovechar el proceso, pasar el examen y evitar exponernos otra vez a lo mismo. Dios está comprometido con el propósito y no tanto con nuestra comodidad. Si no pasamos la prueba y aprendemos, tendremos inevitablemente que repetir la prueba. Es por eso que muchas veces nos encontramos dando vueltas y vueltas en lo mismo sin avanzar.

Los mayores obstáculos no están afuera, sino adentro, en nuestra mente, limitándonos y diciéndonos que no podemos y que no lo lograremos. Por eso, debemos identificar cuáles son los modelos mentales que nos tienen paralizados y que nos impiden avanzar. Toda persona exitosa tuvo que vencer muchas adversidades para llegar a donde hoy se encuentra. El éxito en la vida también se mide por los obstáculos que se superan.

Cuando nuestra mirada está en la meta, vemos los retos como oportunidades de crecimiento. Ten presente la siguiente verdad: el dolor es inevitable, pero el sufrimiento es opcional; es decir, todo depende de cómo interpretamos las cosas y de qué decisión tomamos para sobrellevar lo que nos acontece.

Existen muchas historias de éxito encabezadas por hombres y mujeres que tuvieron que vencer obstáculos por su situación económica, étnica, de género u oportunidades.

Para muchos, visitar Disney es todo un sueño. Desde pequeños hemos visto el castillo, las princesas y toda la creatividad con la que venden la idea de que ahí todo es posible y que los sueños se vuelven realidad. Los que hemos tenido la oportunidad de ir, podemos dar fe de que es un lugar hermoso; lleno de colores, excelencia, ideas nuevas e innovadoras y de que independientemente de la edad, todos nos volvemos niños de nuevo.

Su fundador, Walt Disney, fue despedido por su falta de creatividad en uno de sus trabajos. Sí, así como lo lee: sus jefes creían que no era lo suficiente innovador para su puesto. Sin embargo, llegó a ser uno de los hombres más creativos del siglo XX.*

Tratando de seguir adelante, fundó su primera empresa de animación. Recaudó 15 mil dólares, pero con el tiempo tuvo que cerrarla. Desesperado y sin dinero, Disney encontró una forma de llegar a Hollywood y enfrentó la crítica y el fracaso, hasta que por fin sus películas comenzaron a hacerse populares y el resto es historia. Hoy en día, sus parques son de los lugares más visitados en el mundo y es una de las empresas más millonarias del planeta.

Hay muchas historias de éxito como esta que podría mencionar, pero también en la Biblia encontramos hombres y mujeres que se reinventaron en medio de la adversidad y lograron conquistar naciones y reinos.

Quizás has escuchado la fascinante historia de Moisés, aquel hombre que Dios llamó en Éxodo 3 para que liberara a su pueblo en Egipto. Un pueblo que vivía en la esclavitud, pero que Dios quería llevar a la libertad. A pesar de la influencia y de los logros que Moisés tuvo, él no pudo lograrlos sin que antes Dios moldeara su vida y su carácter para equiparlo y enviarlo a la misión que tenía preparada para él.

---

* Dato obenido de: www.altonivel.com.mx. Consultado el 24 de mayo de 2018.

Moisés fue un líder que dirigió a un pueblo de más de dos millones de personas a través de un desierto. Para ello, era necesario que tuviera cualidades específicas para afrontar el reto que vendría. Moisés nació en Egipto. Fue adoptado por la hija del faraón y educado "en toda la sabiduría de los egipcios", y llegó a ser varón "poderoso en sus palabras y obras" (Hechos 7:22).

En el libro de Éxodo se nos narra cómo la vida de Moisés cambia radicalmente cuando mata a un egipcio que estaba golpeando a uno de los esclavos. Al verse en peligro, huyó durante un período de cuarenta años y luego une su vida en matrimonio con Séfora. Más adelante se convierte en pastor y es ahí cuando Dios se le presenta por medio de la zarza ardiente. Dios le da claras indicaciones de regresar a Egipto y entonces se convierte en el líder que defiende a los egipcios.

Se dice que todo este proceso de Moisés duró aproximadamente ochenta años. Definitivamente, el reloj de Dios y sus tiempos son muy diferentes a los nuestros. Él no sólo quería usar a Moisés, sino que necesitaba formarlo y renovarlo hasta que llegara a tener un corazón manso y humilde.

Podríamos hablar de dos tiempos claves en la formación de este gran siervo de Dios: en el palacio y en el desierto.

El desierto era todo lo contrario al palacio: allí estaba cómodo, tenía buena ropa, alimentación y un puesto importante; pero a pesar de todo, Dios necesitaba llevarlo al extremo y formar su vida, quitar lo que no estaba correcto en su carácter y colocar en él las cualidades del Reino de Dios, un reino muy diferente a cualquier reino humano. El desierto trae formación y es una experiencia necesaria. En él encontramos madurez. En el palacio recibió el cetro como príncipe, pero en el desierto se le dio la vara con la que desarrollaría aquello para lo cual Dios lo había llamado.

Necesitaría autoridad y un carácter formado, dependiente de Dios. De no haber sido así, jamás habría logrado presenciar uno de los milagros más impresionantes en la historia de la humanidad: abrir el mar Rojo.

En el desierto, es vital que tengamos una plena relación con Dios, que busquemos su presencia y descansemos en Él. Las emociones se alterarán; el calor, el sol y la arena pueden nublar nuestra visión; pero es ahí cuando debemos de levantarnos, abrazar nuestra fe y las promesas que Él nos ha hecho. No podemos morir o abortar el sueño en el desierto. Ese solo es un lugar de paso y, si perseveramos, se nos entregará una vara con la que podremos hacer milagros.

La actitud marca la diferencia en todo momento

El gran estadista inglés Winston Churchill dijo en una ocasión: "El pesimista ve dificultades en cada oportunidad; el optimista ve oportunidades en cada dificultad".

¿Qué eres: pesimista u optimista? Como nosotros nos relacionemos con las circunstancias, así será definido nuestro comportamiento. Y acá el ingrediente que marca la diferencia se llama *actitud*.

Si tienes talento, inteligencia, educación, conocimiento, oportunidades y una ética firme, pero te falta la actitud correcta, nunca disfrutarás del viaje al éxito.

La actitud es la disposición a responder a las situaciones de la vida. Es decir, nos prepara para dar una respuesta (ya sea en forma de pensamientos, sentimientos o acciones) sobre un hecho cotidiano.

Esto implica que muchas de nuestras decisiones serán el resultado nuestra actitud. Es decir, nuestra actitud determinará nuestras acciones y nuestras acciones determinarán nuestros logros. La persona que somos y el lugar que ocupamos hoy, son el resultado de nuestra actitud frente a las circunstancias. Mientras mejor sea nuestra actitud, más lejos llegaremos. nuestra actitud puede establecer la diferencia entre el éxito y el fracaso.

CÓMO MEJORAR LA ACTITUD

- Evita en tu lenguaje cotidiano, frases que revelen limitantes en tu potencial, como: "no puedo" o "es imposible".

- Ten presente que hay acontecimientos que están fuera de tu control. Debes enfocarte en lo que sí puedes controlar: tus pensamientos, palabras y acciones.

- Los errores e intentos infructuosos no deben ser vistos jamás como fracasos, y menos atribuirlos a que eres "un fracaso". Por el contrario, las equivocaciones son circunstanciales y ayudan en el aprendizaje transformativo.

- Busca rodearte de personas que te incentiven a seguir a adelante y que te recuerden una y otra vez lo agradable que es vivir.

- El desarrollo a nivel espiritual y el compromiso con una serie de valores y principios, como la solidaridad, el amor y el respeto a las diferencias, permiten tener una base sólida sobre la que las actitudes positivas fortalecen su significado.

- Es fundamental que seas agradecido por todo lo que tienes y con lo que eres.

- Tener confianza en lo que tienes para ofrecer al mundo y, sobre todo, la perseverancia en lo que haces, son manifestaciones claras de una actitud positiva.

Si esperas tener ganas para tratar de cambiar de actitud, nunca cambiarás. Tienes que actuar conscientemente y ser intencional en lo que piensas y hablas para que así tu actitud ante la vida sea positiva y contagie a otros. Decide brillar donde estés y no permitas que nada ni nadie te opaque. Al actuar producirás un cambio. No es la aptitud lo que determina nuestra altitud, sino nuestra actitud.

Haz un breve ejercicio: escribe palabras que describen tu actitud ante los problemas.

¿Te gusta lo que lees? Si no, es tiempo de cambiarlo

"Pero lo que sale de la boca, del corazón sale; y esto contamina al hombre. Porque del corazón salen los malos pensamientos, los homicidios, los adulterios, las fornicaciones, los hurtos, los falsos testimonios, las blasfemias".

—MATEO 15:18

¿Cómo está tu corazón? Eso definirá tu actitud.

"Cuando pases por las aguas, yo estaré contigo; y si por los ríos, no te anegarán. Cuando pases por el fuego, no te quemarás, ni la llama arderá en ti".

—ISAÍAS 43:2

La adversidad puede sacar lo mejor o lo peor de ti. ¡Tú decides!

Tal y como lo dice el subtítulo: tú decides. Insisto una y otra vez en esto porque debemos ser conscientes de que no hay nadie más responsable de lo que hagamos o dejemos de hacer que nosotros mismos. Ya basta de echarles la culpa a los padres, los hermanos, la sociedad, los políticos y la familia. Somos los únicos responsables. Si algo no me gusta o no me siento cómodo, debo buscar cómo cambiarlo.

Ante lo que nos acontezca, podemos adoptar la posición de víctimas ante la vida y el mundo, o decidir ser los líderes proactivos de nuestra propia vida. La convicción, la actitud, el pensamiento y el carácter, determinarán cual rol escogemos.

Es en medio de la adversidad que podemos conocer inteligencias ocultas, empezar un negocio o conocer personas nuevas. En ocasiones, aquello a lo que estamos acostumbrados es tan placentero, que nos corta las alas de la creatividad. Por eso, una adversidad bien canalizada puede sacar lo mejor de nosotros, o en el caso contrario, lo peor.

Algo que debemos aprender a manejar en medio del caos es el afán, el estrés, la angustia, la ansiedad, el temor y la frustración. Todos hemos experimentado cada una de esas emociones, porque así somos los seres humanos. Sin embargo, no podemos dejarnos dominar por nada de eso.

"Por nada estéis afanosos, sino sean conocidas vuestras peticiones delante de Dios en toda oración y ruego, con acción de gracias. Y la paz de Dios, que sobrepasa todo entendimiento, guardará

vuestros corazones y vuestros pensamientos en
Cristo Jesús".

—FILIPENSES 4:6–7

Estos versículos son de los que más he leído en mi vida.
No sé si te pasa lo mismo, pero a mí se me hace muy fácil
desenfocarme, estresarme y llenarme de temor. Es ahí donde
debo hacer una pausa y recordar que Dios me ama, me cuida
y todo lo tiene bajo su control. Por eso me dice una y otra
vez: no te afanes, no te inquietes.

Hay una palabra que es vital durante la crisis y es *resiliencia*. Resiliencia es la capacidad humana de afrontar situaciones difíciles; la habilidad de resurgir de la adversidad, de
saber adaptarnos, de sobreponernos, recuperarnos e incluso
de salir fortalecidos; aprovechando las circunstancias negativas para fortalecernos a partir de situaciones de riesgo y
transformarlas en éxito individual, social y moral.

En ingeniería, resiliencia se refiere a la capacidad de un
material para adquirir su forma inicial después de someterse
a una presión que lo deformaba. El ser personas resilientes
nos ayuda a no dejarnos morir por las circunstancias; sino
resistir, crecer y volver a nuestra esencia.

PERFIL DE UNA
PERSONA RESILIENTE

- Tiene un estilo de pensamiento realista, exacto
  y flexible.

- Interpreta la realidad de un modo más exacto.

- Toma cada circunstancia adversa como un desafío que pone a prueba todas sus potencialidades.

- Reemplaza el temor o el no poder, por el reto de salir airosa de cada prueba.

- Es capaz de generar sus propios recursos para salir fortalecida de situaciones que no son tomadas como la fatalidad de un destino sino como un desafío que alecciona y estimula.

- Las personas resilientes tienen un común denominador: han desarrollado un alto nivel de confianza en sí mismas y se proyectan hacia adelante para conseguir los objetivos que se han propuesto, porque saben que pueden conseguirlos.

- Son constantes y perseveran hasta lograr la meta y se adaptan a la situación difícil buscando proactivamente la salida.

La resiliencia, al igual que la inteligencia emocional y la autoestima, son habilidades sociales que se pueden aprender, incorporar y mejorar a cualquier edad.

Cuenta una historia que había una vez dos ranas que cayeron en un recipiente de crema. Inmediatamente, sintieron que se hundían. Al principio, las dos patalearon en la crema para llegar al borde del recipiente, pero era inútil.

Una de ellas dijo: "No puedo más, es imposible salir de aquí. Ya que voy a morir, no veo para qué prolongar este dolor". Dicho esto, dejó de patalear y se hundió con rapidez.

La otra rana se dijo a sí misma: ¡No hay caso! Nada se puede hacer para avanzar. Sin embargo, ya que la muerte me llega, prefiero luchar hasta mi último aliento. Siguió pataleando, siempre en el mismo lugar. De pronto, de tanto patalear, la crema se transformó en manteca. La rana dio un salto, llegó hasta el borde del recipiente y alegremente puedo regresar a su casa.

¿Qué marco la diferencia? No dejarse morir por la situación y luchar hasta el final.

APLICA, REFLEXIONA Y ACTÚA

"La paz os dejo, mi paz os doy; yo no os la doy como el mundo la da. No se turbe vuestro corazón, ni tenga miedo".

—JUAN 14:27

- La adversidad tiene una única meta: ser superada.

- Decide vivir un día a la vez.

- No escondas tus emociones: identifícalas y sánalas.

- Suelta, deja el pasado atrás y perdona.

- Cultiva la esperanza.

- Esto que estás viviendo, también pasará.

- Enfría tus emociones y busca soluciones.

- Reinvéntate.

- Dedica tiempo a cultivar tu vida espiritual.

- Acércate al corazón de Dios y cree que Él te cuida y te ama.

- ¿Qué adversidad estoy viviendo?

- ¿Cómo me siento?

- ¿Qué necesito para salir adelante?
- ¿Cómo es mi actitud en estos momentos?

¡Mientras haya vida, hay esperanza!

ORACIÓN

Señor, hoy te doy gracias por el don de la vida y porque estás conmigo. Tú conoces cada paso que doy, sabes mi pasado, presente y futuro. Estoy pasando por un momento de dolor y angustia; por eso me acerco a ti, pido tu ayuda, dirección, amor y fuerzas. Trae paz a mi corazón y permíteme creer que todo lo tienes bajo tu perfecto control y que cuidas de mí. Sé que todo me ayuda a bien; aunque no sepa cómo, te pido que me des fe para creer y mantenerme de pie. En tus manos coloco mi vida. Cumple tu perfecta voluntad. Amén.

7

LÍMITES PARA LA VIDA DIARIA

*"Si quieres decir 'sí', solamente di 'sí', y si
quieres decir 'no', solamente di 'no'".*
—Mateo 5:37, PDT

E S NATURAL EN todo ser humano poner los límites a
prueba, dejarse llevar por la curiosidad ante lo desconocido, expresar rebeldía contra lo establecido y contra la autoridad. Por eso, necesitamos establecer límites mentales, emocionales, físicos y espirituales. Cualquier confusión que tengamos en nuestra vida con respecto a nuestra responsabilidad y a nuestro dominio, es un problema de límites.

Todos tenemos vecinos, y cada una de sus casas está demarcada en un espacio específico. Nadie se puede adueñar de nuestro garaje, porque para eso hay límites. De la misma forma, necesitamos marcar el espacio de nuestras responsabilidades o de lo contrario cometeremos muchos errores y seremos permisivos con nosotros mismos y con los demás.

Un límite es cualquier cosa que nos permite diferenciarnos de otra persona o nos muestra donde comienza y donde termina nuestro ser. La piel, por ejemplo, es un límite que da forma a nuestro cuerpo y protege los órganos internos. En la vida, debemos separar y cuidar lo que está fuera y lo que está dentro de nosotros. Los límites son importantes tanto en el ámbito físico como en el espiritual. Por eso la Biblia nos enseña a cuidar el centro de operaciones:

"Sobre toda cosa guardada, guarda tu corazón; porque de él mana la vida".

—Proverbios 4:23

Los límites en nuestras acciones son muy importantes, pues sin ellos andaríamos sin rumbo. A muchos les cuesta establecer estos límites de forma clara, y también hay personas sumamente estrictas que a través de ellos se aíslan. El equilibrio siempre será la clave de todo. Es importante conocernos a nosotros mismos para saber exactamente cuáles son nuestros propios límites y exponerlos cuando sea oportuno. Pregúntate: "¿Me cuesta establecer límites?".

Los límites definen la persona: lo que es y lo que no es. Muestran dónde termina nuestro territorio y comienza el del otro, dándonos sentido de propiedad. Cuando somos dueños de nuestra vida, podemos hacer elecciones de una manera más libre. También nos muestran de lo que no somos responsables (por ejemplo: de lo que alguien más haga o piense. Aunque aconsejemos, las decisiones al final son de cada quien), liberando así a nuestro corazón.

La palabra "no" es la más delimitante de todo el vocabulario. Denota que somos independientes y que tenemos el control de nuestro ser.

Sin duda, establecer límites nos beneficia tanto a nivel personal como en nuestra relación con los demás, y nos ayuda a mantener lo malo por fuera y lo bueno por dentro. Algunas formas de establecer límites son: la verdad, la distancia física, el tiempo o el distanciamiento emocional (el cual es temporal mientras la persona se estabiliza).

EL PODER DEL "NO"

Debemos ser únicos, independientes y conscientes de nuestra responsabilidad. La palabra "no" es la más delimitante de todo el vocabulario. Denota que somos independientes y que tenemos el control de nuestro ser. Es una palabra de "enfrentamiento" que tenemos que usar aun con nuestros seres amados y amigos. Esto no es fácil, porque quizás nos sentimos comprometidos con ellos; sin embargo, parte de establecer límites es aprender a utilizar esta palabra cuando sea necesario.

> "Sobre todo, hermanos míos, no juren: ni por el cielo, ni por la tierra, ni por ninguna otra cosa. Cuando digan 'sí', que sea sí; y cuando digan 'no', que sea no, para que Dios no los condene".
>
> —SANTIAGO 5:12, DHH

Si no podemos decir que no, hemos perdido el dominio propio y debemos trabajar en él. Cuando nos cuesta decir que "no" perdemos el límite de la propiedad de nuestra vida y nos cuesta vivir en paz, ya que andamos complaciendo a todos, menos a nosotros mismos; o podemos empezar a decir que "sí" a lo que es incorrecto.

Muchas veces, desde niños nos limitan a usar frases como: "No estoy de acuerdo", "no lo haré", "porque no quiero", "me duele", "está mal", "es malo", entre otras. Esto bloquea nuestra prerrogativa a decir que "no" o a expresar que no estamos de acuerdo, incapacitándonos de por vida, convirtiéndonos en complacientes nocivos y afectando nuestra vida, las relaciones y los proyectos que emprendamos.

Mucha gente es permisiva porque no quiere herir los

sentimientos de los demás. Tienen temor al abandono, dependen de otros, temen a la ira, el castigo, la vergüenza o el no ser tan espirituales. Al final, terminan asumiendo muchas responsabilidades y fijan pocos límites, no por elección, sino por temor.

También están los que le dicen que no a lo bueno y son evasores. Los que solicitan ayuda a los demás y no reconocen sus limitaciones. Los controladores, que no respetan los límites ajenos: como se resisten a controlar sus propias vidas, necesitan hacerlo con alguien más.

Como mencioné, todo en la vida necesita un equilibrio. Digamos que sí cuando podamos hacerlo. Recordemos que estamos en este mundo para servir y ayudar a otros. Digamos que no con libertad cuando no podamos o no queramos, pero tampoco seamos personas egoístas o egocéntricas que solo piensan en sí mismas y nunca en los demás. Esto hará que terminemos solos el resto de nuestros años.

Para construir relaciones saludables y ser exitosos en lo que hacemos, debemos ser sabios y usar dos palabras con libertad: amor y respeto, tanto hacia nosotros mismos como hacia los demás.

Establecer límites claros

Decir que debemos ponerle límites a los demás es incorrecto. Lo que sí podemos hacer es limitar nuestra exposición a quienes no se comportan correctamente. No podemos cambiar a los demás, ni hacer que se comporten bien o como queremos.

Debemos destacar con respeto nuestros límites interiores. Necesitamos dominio propio y aprender a decirnos que no a nosotros mismos. Los límites no se heredan: se construyen;

por eso debemos definirnos de forma clara en base a los valores y principios que tenemos y a donde queremos llegar. Como seres humanos individuales, debemos definir qué nos gusta y qué no, y qué estamos dispuestos a tolerar. Las nuevas generaciones deben ser entrenadas intencionalmente en esto. Si no podemos respetar una señal de tránsito, o al que está a nuestro lado, no seremos capaces de construir algo sólido, duradero y que no afecte a los demás. Por eso el tema de los límites es tan valioso en el "hacer", ya que nos señala el campo de acción.

Además, cada quien es responsable con respeto a su propiedad y a los talentos que se le han dado. Reflexionemos en esta historia:

> "Su señor le dijo: Bien, buen siervo y fiel; sobre poco has sido fiel, sobre mucho te pondré; entra en el gozo de tu señor. [...] Respondiendo su señor, le dijo: Siervo malo y negligente, sabías que siego donde no sembré, y que recojo donde no esparcí. Por tanto, debías haber dado mi dinero a los banqueros, y al venir yo, hubiera recibido lo que es mío con los intereses. Quitadle, pues, el talento, y dadlo al que tiene diez talentos".
>
> —MATEO 25:23, 26-28

Cuando hablamos de límites debemos empezar por los límites internos, ya que somos responsables de lo que hacemos y dejamos de hacer. Muchas veces el posponer, el excusarnos, el dejarnos dominar por el temor, la inseguridad, los complejos o las barreras mentales nos impide multiplicar lo que Dios confió en nuestras manos. Siempre he creído que todo lo que tenemos en cuanto a dones, habilidades, intelecto, o posesiones económicas no son adornos, sino parte de un hermoso propósito de Dios para nuestra vida. Establecer límites debe ser un desafío a nivel personal que nos convierta en personas esforzadas, valientes y con enfoque. Debemos tener límites en las emociones, los pensamientos y las acciones, ya que somos seres integrales y todo influye para nuestro crecimiento o para estancarnos.

Limitar nuestros pensamientos incluye:

- Ser dueños de nuestros pensamientos.

- Crecer en conocimiento y ampliar nuestras mentes.

- Rectificar cualquier pensamiento tergiversado.

Desarrollo de los límites

Hay personas que tienen más capacidad de establecer límites que otras, y esto tiene que ver mucho con el entorno familiar en donde se criaron. Sin embargo, los límites no se heredan, se construyen. La niñez es una etapa crucial en la que aprendemos a establecer límites claros; por eso los padres de familia tienen una misión muy importante en este tema.

Para construir límites claros debemos aprovechar la instrucción divina y el consejo de las personas correctas. Cuando no tenemos la seguridad de que somos amados, nos vemos tentados a optar por dos malas decisiones: fijar límites y arriesgarnos a perder una relación, o no fijar límites y seguir cautivos de los deseos del otro.

Por eso, debemos ser conscientes de que hay una ley de causa y efecto o de siembra y cosecha en todo lo que hacemos, es decir cada acción trae una consecuencia. No podemos seguir eligiendo por alguien o permitir que alguien lo haga con nosotros. La codependencia está dañando a muchas personas, es tiempo de soltar y hacer que cada persona asuma su propia responsabilidad, si esto pareciera imposible de hacer, es vital buscar ayuda y consejo.

La responsabilidad es nuestra capacidad de responder ante las situaciones. Poner límites no tiene nada que ver con egocentrismo, sino con amarnos los unos a los otros.

El respeto va dirigido hacia nosotros y hacia los demás. Cuando alguien establezca un límite no lo juzguemos. Aceptemos su libertad propia y la de los demás. La próxima vez que alguien nos diga que no, interpretémoslo correctamente. La sociedad nos ha hecho pensar que siempre nos deben decir que sí o que nosotros tenemos que decir siempre que sí, y eso no es verdad. Muchos *no* son dados por amor.

Cuando definimos un límite o cuando lo irrespetamos, es necesario revisar cuál es la motivación que nos impulsa a actuar así. No podemos actuar por temor a que nos dejen, nos rechacen, nos abandonen, nos señalen o nos acepten. Recordemos que primero va la libertad y luego el servicio.

Ser proactivos es pasar de la pasividad a la acción. Muchas veces acumulamos y reventamos, y es necesario sacar todo y salir adelante. La vida no se puede convertir en una explosión constante. Por otro lado, la envidia constantemente puede tocar a la puerta de nuestro corazón y que empecemos a desear lo que otros tienen nos lleva a descuidar nuestros límites y la responsabilidad personal.

Cuando definamos un límite, debemos estar seguros de que fue expuesto y modelado. Nuestros límites deben ser claros y debemos comunicarlos a los demás para que los respeten. Nuestra sociedad carece de personas íntegras, de una sola pieza. Para que los demás nos respeten, debemos hacerlo nosotros primero hacia nosotros mismos, y luego respetar a los demás.

¿Cuál es tu problema?

- Ser amables por temor no funciona.
- Aceptar las responsabilidades que les corresponden a otros es muy dañino.
- Debemos hacernos cargo de nuestra vida (discernir cuáles tareas nos corresponden y cuáles no)
- Muchas veces, esforzarnos más no es la solución, sino establecer límites. Aprender a decir que sí o que no cuando se requiera, es de sabios.

Establecer límites claros es esencial para alcanzar un estilo de vida equilibrado. Esto define qué somos y qué no, y afecta cada área de nuestro entorno. Establecer límites físicos nos ayuda a determinar quiénes se nos pueden acercar. También incluimos qué comemos, cuánto dormimos y cuánto ejercicio hacemos. Esto es vital para tener una vida sana y ser efectivos en lo que hacemos. Si no tenemos dominio sobre nosotros mismos, no podremos responder adecuadamente a los retos de la vida. Los límites personales son la clave del éxito.

> **Establecer límites claros es esencial para alcanzar un estilo de vida equilibrado.**

"Más vale ser paciente que valiente; más vale el dominio propio que conquistar ciudades".

—Proverbios 16:32, nvi

También debemos establecer límites mentales, los cuales nos dan la libertad de tener ideas y opiniones propias. Debemos elegir en qué tipo de pensamientos invertiremos nuestro tiempo y energías. Si vigilamos más esto, nos daremos cuenta de que muchas veces perdemos horas pensando en asuntos vanos y sin sentido.

> "¿Quién es sabio y entendido entre vosotros? Muestre por la buena conducta sus obras en sabia mansedumbre".
>
> —SANTIAGO 3:13

Los límites emocionales nos ayudan a administrar adecuadamente cada emoción o sentimiento y liberarnos de los que son dañinos, ya sea para nosotros mismos o para los demás.

> "El corazón alegre constituye buen remedio; mas el espíritu triste seca los huesos".
>
> —PROVERBIOS 17:22

Y por último, los límites espirituales nos permiten discernir entre la voluntad de Dios y la nuestra, y nos enseñan a caminar por fe y no por vista.

> "Pero sin fe es imposible agradar a Dios; porque es necesario que el que se acerca a Dios crea que le hay, y que es galardonador de los que le buscan".
>
> —HEBREOS 11:6

APLICA, REFLEXIONA Y ACTÚA

"Amado, yo deseo que tú seas prosperado en todas las cosas, y que tengas salud, así como prospera tu alma".

—3 JUAN 1:2

- ¿En qué aspectos de tu vida necesitas establecer límites?

- ¿Te es fácil decir que no? ¿Por qué?

- ¿Crees que si estableces límites puedes seguir siendo una persona que ama?

- ¿Cuáles son tus límites físicos?

- ¿Cuáles son tus límites mentales?

- ¿Cuáles son tus límites emocionales?

- ¿Cuáles son tus límites espirituales?

ORACIÓN

Padre bueno, hoy te doy gracias por tu amor y por la responsabilidad que has colocado en mis manos de establecer límites claros para mi vida. Hoy te quiero pedir que me llenes de sabiduría para delimitar lo que me gusta y lo que no, sin que esto me haga sentir culpable. Sé que tienes planes de bendición para mi vida, pero para que yo sea una persona efectiva necesito definir con claridad lo que quiero y lo que no quiero. Te pido que me des sabiduría para tomar decisiones sabias e inteligentes. Guíame, Espíritu Santo, a toda verdad. En el nombre de Jesús, amén.

PARTE III
LOGRAR

8

¿QUÉ ES EL ÉXITO?

"Pon en manos del Señor todo lo que haces,
para que tus planes se hagan realidad".
—PROVERBIOS 16:3, PDT

SI LE PREGUNTAMOS a los integrantes de un grupo si quieren alcanzar el éxito, estoy segura de que todos dirán que sí. La clave está en cómo hacerlo. No creo que alguien se levante en la mañana diciendo: "Quiero fracasar". Lo curioso, es que anhelamos llegar a la cima haciendo todos los días lo mismo. Si vivimos la vida como la mayoría de la gente, obtendremos lo que la mayoría de la gente obtiene y acepta. Comparto algunos datos*:

- En Latinoamérica el 49 por ciento de los matrimonios terminan en divorcio.

- Más del 80 por ciento de las personas que tienen un empleo, desean estar realizando otra actividad.

- Más de la mitad de los habitantes de Latinoamérica tienen sobrepeso, y llevan un estilo de vida poco saludable.

---

* Datos obtenidos del libro *El éxito no es casualidad* de Tommy Newberry.

Y podría compartir muchas cifras similares más. Cuando pienso en esto, me pregunto: ¿Desearían ellos haber hecho todo de una manera diferente? ¿Qué podemos evitar para no ser el resultado de una estadística más? Nadie planea ser mediocre, pero no tener un plan de acción nos puede llevar a serlo. En esta parte del proceso que planteo en el libro, estamos en la sección del *lograr*, que representa el poseer o alcanzar aquello que tanto hemos deseado y que Dios nos quiere dar. Llegar a ese lugar con las intenciones equivocadas nos puede meter en grandes líos. Por eso, considero que es necesario que revisemos el concepto que tenemos sobre lo que es y no es él éxito y cómo alcanzarlo.

Reflexiona: ¿Qué es el éxito para ti? ¿Cómo se alcanza? ¿Es algo reservado para unos pocos o es para todos? ¿Cuál es tu sueño?

¿QUÉ ES EL ÉXITO?

En mi interacción con las diferentes personas durante los procesos de *coaching* y las conferencias que comparto, me doy cuenta de que todos tenemos conceptos diferentes de lo que es el éxito. Muchos están siendo influenciados por las corrientes materialistas o por lo que los medios nos presentan como éxito. Quizás vemos a los actores, actrices y cantantes con casas lujosas, automóviles costosos y prendas de vestir al último grito de la moda. La gente los sigue y les pide autógrafos y parecieran que tienen una vida "perfecta". ¡Qué exitosos lucen!

Las nuevas generaciones han crecido en una sociedad que nos dice que valemos por lo que tenemos. Recientemente, conversaba con una doctora y ella me decía que cuando se reunían los compañeros de la universidad, se hacía mucho énfasis en cómo vestían, así como en el automóvil con el que llegaban o en cuánto estaban ganando. Esto determinaba, según ellos, cuán exitosos estaban "siendo", lo cual se convertía en una carga que muchos no podían llevar, pero que, con tal de mantener su estatus y su imagen, llegaban hasta a endeudarse con tal de aparentar o demostrar que eran exitosos por sus pertenencias y que les estaba yendo fabulosamente bien a nivel profesional.

También recuerdo haber compartido con una joven casada que me comentaba: "Tengo materialmente todo. Si quiero viajar en este momento a Nueva York e irme de compras, lo puedo hacer. Mi esposo me da regalos costosos, tengo dos hermosas hijas, una gran casa y un automóvil de lujo. Sin embargo, desearía tener un esposo que estuviera presente, y que fuera amoroso y atento". Cuando la escuché pensé: *¡Impresionante! Tiene todo lo que una mujer desearía tener en su matrimonio, hablando materialmente, pero le falta lo más importante.*

Y hay muchos ejemplos más de lo podría verse como exitoso, pero que en la realidad no lo es. Tener dinero, fama o bienes materiales no es malo. Tampoco significa que si los tenemos iremos al infierno. Creo firmemente que Dios desea prosperarnos. El detalle es cuando tenemos o logramos con las intenciones incorrectas y con un corazón no sano.

Por eso surge la pregunta: "¿Qué es el éxito?".

Soy fiel creyente de que el éxito no es producto de la suerte o la casualidad. Tampoco se nos regala o se hereda, sino que más bien es el resultado de acciones intencionales que se hicieron no para sentirnos importantes, sino porque sabemos quiénes somos y cuál es nuestra misión y visión de vida; y por eso actuamos para crecer, ser prósperos, desarrollar nuestro potencial y bendecir a quienes están a nuestro lado.

También considero que el éxito es una conquista personal que se da cuando nos encontramos con nosotros mismos y con Dios en el desarrollo de nuestra inteligencia y potencialidades. Nada da más satisfacción que estar haciendo aquello para lo cual fuimos diseñados y sabernos en el centro de la voluntad de Dios.

Es decir, el éxito inicia de adentro hacia fuera y se concreta con lo que alcanzamos. Por eso en este proceso hemos de trabajar el *ser*, el *hacer* y ahora el *lograr*, porque llegar a este punto no es incorrecto, pero debemos hacerlo con sabiduría para que sea sustentable con el tiempo.

> "Quien no sabe para dónde va, cualquier camino le sirve".

El éxito nos permite aprovechar las oportunidades al máximo y nos lleva a definir una ruta a seguir. Siempre digo en mis charlas: "Quien no sabe para dónde va, cualquier camino le sirve". Cuando tenemos claro quiénes somos, qué queremos y qué no queremos, podemos elegir por dónde nos iremos.

Independientemente de la edad, género, estado civil o nacionalidad, debemos entender que el éxito no es casualidad, sino que es un proceso de por vida, una conquista en nuestro interior que nos da la fuerza para creer y que recorrer cada día con la mirada puesta en lo eterno, en la visión y en nuestro llamado. Una persona que ha decidido ser exitosa y vivir en la excelencia nunca llega a la meta y se sienta a decir: "¡Lo alcancé todo!", sino que sabe que siempre hay más.

Si bien es cierto debemos ser agradecidos y valorar lo que tenemos, también debemos creer que una vez que alcanzamos una meta, viene otra mayor. Por eso, alguien exitoso nunca llega, sino que está en constante crecimiento y conquista.

Una persona exitosa no se concentra en el lograr, sino que se enfoca en el ser, en la esencia y en su interior, porque sabe que si ahí está fuerte, podrá salir cada día con la actitud correcta y enfrentar la vida y sus retos.

Todos debemos tener claridad en estas preguntas: ¿Quién soy? ¿En qué soy bueno? ¿Cuál es mi inteligencia dominante? ¿Qué debo superar? ¿Qué cambios debo realizar? ¿Hacia dónde me dirijo? ¿Qué relaciones debo sanar?

Esto nos permitirá tener el panorama más claro de la ruta que debemos trazar bajo la dirección de Dios.

FUISTE CREADO PARA EL ÉXITO

Cuando desarrollamos el sentido de propósito en nuestra vida, comprendemos que no solo estamos en esta tierra para crecer, reproducirnos, trabajar y morir. Es apasionante creer que hay algo mucho más grande para nosotros y se llama propósito. El hecho de que la sociedad nos haga pensar que tener éxito es tener bienes materiales y que eso nos da acceso a lugares, personas y posiciones, hace que sea difícil concentrarnos en nuestra esencia y que diariamente busquemos trabajar en ella.

> "Porque somos hechura suya, creados en Cristo
> Jesús para buenas obras, las cuales Dios preparó
> de antemano para que anduviésemos en ellas".
> —EFESIOS 2:10

Nuestro Creador fue el primero en confiar en nosotros porque somos hechura suya, es decir hechos a su imagen, lo cual nos confiere un valor y una capacidad enormes. Más que la hechura física, se refiere a un diseño espiritual y eterno; y Él dispuso de antemano que parte de nuestro diseño fuera hacer buenas obras, es decir, actos buenos y exitosos. Él no creó seres mediocres o tontos, como muchas veces nos vemos o catalogamos a nosotros mismos.

Si realmente creyéramos que fuimos diseñados en serio y no en serie por el corazón del Padre, entenderíamos que el éxito forma parte intrínseca de nuestro diseño y que por eso trasciende al hecho de tener dinero o bienes materiales. El éxito es eterno.

"No mirando nosotros las cosas que se ven, sino las que no se ven; pues las cosas que se ven son temporales, pero las que no se ven son eternas".
—2 CORINTIOS 4:18

- ¿Dónde está tu mirada, tu corazón y tus fuerzas?

- ¿Están en lo eterno o en lo pasajero?

- ¿Qué está consumiendo tu vida?

- ¿Qué o quién está primero?

En el camino de la vida es muy fácil desconectarse de lo que es realmente importante. Todos los días las distracciones, las competencias, las demandas, el afán, el temor y mucho más tocan a la puerta de nuestro corazón. El mundo va acelerado, y es muy fácil irnos tras la prisa. Virtudes como la paciencia o la espera se han abandonado. Pero creo que en medio de todo lo que hacemos y deseamos obtener es vital hacer una pausa y entender que, si bien es cierto que Dios nos quiere prosperar, hay mucho más de lo que podemos obtener acá. No sé cuántos años Dios nos permita vivir, quizás 70, 80, 100 o menos, lo que si sé es que algún día tendremos que partir de esta tierra y no nos vamos a llevar nada.

Por su puesto, debemos vivir al máximo y hacer de cada día algo especial. Acumular buenos recuerdos es parte de alcanzar el éxito. Por eso, la Biblia nos enseña a buscar lo que no se ve, lo que no se toca, lo que no se arruga, se mancha o se pone viejo; eso es lo que es eterno, real y verdadero. El éxito trasciende las posesiones materiales.

VIVIR LIBRES DE AFÁN

Si tenemos claros lo que somos, seremos exitosos en el hacer y el tener, y podremos disfrutar a plenitud de todo lo que Dios nos regala. Todos, sin embargo, hemos vivido momentos en los que tal vez nos hemos comparado con otros y nos hemos sentido estancados o menos exitosos o prósperos.

Quizás nuestros amigos tienen buenos trabajos; un sueldo jugoso, una casa de ensueño, automóviles de lujo, cónyuges e hijos que viajan y abren negocios, y ahí estamos nosotros viendo que todos progresan y nos preguntamos: "¿Cuándo será mi turno?".

En primer lugar, debemos recordar que el éxito no es casualidad, sino el resultado de una acción estratégica que nos impulsa a alcanzar la visión y la misión para la cual estamos aquí. El trabajar duro, ser valientes y esforzados nos permiten crecer. Si nos quedamos sentados llorando, lamentándonos o creyendo que somos los más desgraciados, no pasará nada. La mano de Dios no se mueve por lástima, sino por fe. Estamos claros (eso espero) en el proceso que hemos hablado en este libro para avanzar y lograr lo que a Dios le place darnos a cada uno; por eso, no te compares con nadie y disfruta tu proceso.

En segundo lugar, sé agradecido y valora lo que tienes. No se vale ser conformistas y quedarnos de brazos cruzados; pero tampoco ser mal agradecidos y vivir en una completa insatisfacción. Esto nos desgasta y nos roba la esperanza.

He visto y me ha pasado, que cuando nos comparamos con alguien más, nos sentimos menos y el afán toca a la puerta de nuestro corazón.

Sé esforzado, trabaja y permite que Dios abra puertas a tu favor, pero decide vivir libre del afán, el estrés, la ansiedad y la depresión. Hoy, miles sufren ataques de pánico y los especialistas dicen que una de las principales razones es que el estrés no se maneja correctamente; es decir, no se canaliza y el organismo reacciona.

> "Por nada estéis afanosos, sino sean conocidas vuestras peticiones delante de Dios en toda oración y ruego, con acción de gracias. Y la paz de Dios, que sobrepasa todo entendimiento, guardará vuestros corazones y vuestros pensamientos en Cristo Jesús".
>
> —FILIPENSES 4:6-7

La clave está en construir el éxito, sin inquietarnos o afanarnos. Se lee fácil, pero sé que no lo es. Sin embargo, la Biblia nos dice que debemos orar por ello; soltar nuestras cargas, sueños, proyectos y planes; rendir nuestros corazones y voluntad a Dios; confiar y dejar que Él haga lo que sabe que es mejor para nosotros. Si confiamos, tendremos una paz que sobrepasa todo entendimiento y nuestros corazones y pensamientos serán cuidados completamente.

Uno de los mayores secretos que he aprendido es no aferrarnos a nada. Si vamos por la vida libres, sin afán, sin estrés, sin cargas y sin apegos, podremos vivir en paz y ser exitosos. Pero nunca coloquemos nuestro corazón de forma incorrecta en lo que anhelamos hacer o tener.

> "Y creó Dios al hombre a su imagen, a imagen de Dios lo creó; varón y hembra los creó. Y los bendijo Dios, y les dijo: Fructificad y multiplicaos; llenad la tierra, y sojuzgadla, y señoread en los peces del mar, en las aves de los cielos, y en todas las bestias que se mueven sobre la tierra".
>
> —GÉNESIS 1:27–28

En este versículo vemos que parte de nuestro diseño es dar fruto y multiplicarnos, no solo en el tema de los hijos, sino en todo lo que hacemos. Si logramos conectarnos con esa verdad y nos conectamos a lo eterno, el dar fruto y el crecimiento se convertirá en nuestra normalidad. Lo sobrenatural de la vida debería ser lo más natural para nosotros, los hijos de Dios.

ES TIEMPO DE AVANZAR EXITOSAMENTE

Hay varios principios que debemos tener claros:

- Éxito es la materialización progresiva de un ideal digno en el cual creemos, basado en nuestros principios y valores.

- Es aprovechar al máximo lo que tenemos.

- Es aquello en lo que nos convertimos.

- Es una jornada, no un punto de llegada.

- Es para beneficio de muchos.

- Se comparte con la familia. No hay éxito que deba afectar los lazos de las personas que amamos. Si eso pasa, deja de ser éxito.

- Y mi favorita: Es el cumplimiento de la voluntad de Dios.

La gente exitosa es la que ha aprendido a aplicar consistentemente las leyes de Dios en su vida. Atribuye sus logros al enfoque, al trabajo arduo, a las buenas relaciones, a la perseverancia y a la bendición de Dios.

Dios quiere lo mejor para nosotros y nos creó para el éxito. Es vital entonces que busquemos la verdadera definición de lo que es el éxito. Esta no debe estar basada en las opiniones de la gente o en circunstancias externas, sino ser una definición en la que creamos y que podamos adoptar y cumplir diariamente.

También debe ser calculable. Es necesario evaluarnos y rendir cuentas, tal vez con algún *coach* o mentor que nos ayude.

Nuestra visión y definición del éxito debe estar basada en principios y verdades absolutas, y no en circunstancias o valores subjetivos.

Dios quiere que alcancemos nuestro potencial y que hagamos nuestro aporte al mundo de una manera poderosa, Él nos bendice para que nosotros podamos bendecir a otros. Todo lo que hacemos debe dejar una huella que trascienda lo que se ve. Es una actitud intencional ante la vida que garantiza que seamos administradores fieles de los dones y talentos.

El éxito nos lleva a dejar aquello a lo que estamos acostumbrados; es una actitud ante la vida que está completamente bajo nuestro control y que no depende de las circunstancias externas, sino del estado interno de nuestro ser. No hay nada más peligroso que permanecer aislados en nuestra zona familiar; aquella donde nos sentimos bien, pero que impide que crezcamos.

Para vivir el éxito hay que correr riesgos e interpretar correctamente el fracaso. Cada vez que algo no salga como esperabas, no te eches a morir: aprende la lección, reinvéntate y avanza.

> Para vivir el éxito hay que correr riesgos e interpretar correctamente el fracaso.

Ante todo, recuerda que no debes quedarle bien a nadie. No busques el aplauso ni la aprobación de los demás. Ante los ojos de los demás muchos aparentan ser exitosos, pero en su interior no se sienten así. Muchos viven el éxito de acuerdo a lo que los demás dicen que es, sin construir su propia definición. El querer agradar a los demás es algo que nos desgasta, nos desenfoca y nos resta valor propio.

Completa la siguiente frase: "Experimento el éxito en mi vida cuando…"

Es bueno que revaloremos lo que nos hace sentir exitosos y considerar si nuestra respuesta es pasajera o eterna.

"Siempre se cosecha lo que se siembra".

—GÁLATAS 5:7, NVI

Este principio bíblico aplica para todo lo que hacemos. De todo lo que sembremos, tendremos una cosecha, ya sea para bien o para mal. Si somos perezosos, mediocres, injustos, desordenados, mentirosos, envidiosos, etcétera, no podremos cosechar un éxito de bendición, tanto para nuestra vida como para los que nos rodean.

El éxito es el efecto generado por los pensamientos correctos y las acciones correctas.

En la vida todo cuenta. Tenemos muchas opciones y nuestras decisiones muestran lo que somos realmente. Cuando elegimos algo, también elegimos las consecuencias de esa decisión.

UNA VIDA LIBRE DE
EXCUSAS: YO SOY RESPONSABLE

Ser responsables es tener la habilidad de responder a tiempo. Como adultos, debemos asumir este compromiso en cada aspecto de nuestra vida. Muchas veces nos escudamos en excusas vacías o en echarle la culpa a los demás, para librarnos de cargos personales, pero esto limita el éxito en nuestra vida.

En la vida hay dos tipos de personas: los que *sienten* y los que *hacen*.

Los que sienten son personas emocionales que solo avanzan de acuerdo a lo que sienten. Esto es peligroso, muy inconstante y a corto plazo. Son personas prisioneras de su deseo de satisfacción y gratificación instantánea, lo cual les impide tener visión de futuro.

Por el contrario, los que hacen tienen visión y compromiso, e identifican la meta y actúan. No se mueven por emociones, sino por convicciones. No buscan la satisfacción momentánea, sino que ven a futuro. Y nosotros podemos *decidir* ser así.

"No se contenten solo con escuchar la palabra, pues así se engañan ustedes mismos. Llévenla a la práctica".

—SANTIAGO 1:22, NVI

En Santiago se nos habla de hacer y no solo de oír (de los que sienten). El que lleva a la práctica desarrolla un sentido del destino, y en cuanto lo que más le gusta hacer se combina con lo que hace, lo hace mejor. El que hace cree en las ideas que Dios envía y las pone en acción.

> Al cambiar nuestra terminología cambiará nuestra imagen personal, al cambiar nuestra imagen personal cambiará nuestra actitud, y al cambiar nuestra actitud cambiarán nuestras acciones.

- ¿Qué disfrutas naturalmente?
- ¿Qué harías todo el día sin necesidad de dinero?
- ¿Qué es lo que secretamente quieres hacer con tu vida? Si no lo sabes, pregúntaselo a Dios.

Cuando te enfoques en desarrollar tu potencial, serás más exitoso y todo fluirá. Todo esfuerzo tiene su recompensa y cosecha.

Una persona exitosa
administra bien su tiempo

Si todos tenemos las mismas 24 horas, ¿porqué a unos les alcanza y a otros no? Si algo de valor tenemos en nuestra vida, es el tiempo. Por eso, debemos empezar a ser capaces de administrarlo correctamente. Cuando declaramos este compromiso, debemos expresarlo en palabras y luego actuar.

Al cambiar nuestra terminología cambiará nuestra imagen personal, al cambiar nuestra imagen personal cambiará nuestra actitud, y al cambiar nuestra actitud cambiarán nuestras acciones.

Tres palabras describen perfectamente la mediocridad: "No tengo tiempo". Es necesario que nos preguntemos si nuestras prioridades están realmente ocupando los primeros lugares.

Éxito es llegar a la meta que nos propusimos. Preguntémosle a Dios qué quiere de nosotros y vayamos tras ello. No dejemos que las ideas materialistas del mundo nos distraigan y nos hagan sentir fracasados. Aprendamos a disfrutar, no solo de llegar a la meta, sino del proceso, el cual nos forma y nos hace crecer.

Algunos consejos para administrar bien nuestros días:

- Conoce tus metas.

- Haz una lista cada noche de "cosas por hacer" prioritarias para el otro día.

- Despiértate temprano y ora.

- Aparta uno o dos momentos al día para revisar tus correos o hacer llamadas.

- Agrupa la mayor cantidad de cosas diarias o similares.

- Piensa en las relaciones como inversiones valiosas.

- Evita las soluciones rápidas.

- Recorta algo cada año o cada trimestre que no te aporte.

- Aíslate de las distracciones.

- Recuerda cada día que el tiempo equivale a la vida y es oro.

APLICA, REFLEXIONA Y ACTÚA

"El rey David se alegró mucho y bendijo al Señor delante de toda la congregación. Dijo: 'Bendito seas, Señor y Padre nuestro, Dios de Israel, desde el siglo y hasta el siglo. Tuya es, Señor, la magnificencia y el poder, la gloria, la victoria y el honor; pues tuyas son todas las cosas que están en los cielos y en la tierra. Tuyo es, Señor, el Reino. ¡Tú eres excelso sobre todas las cosas! De ti proceden las riquezas y la gloria. Tú dominas sobre todo. En tu mano están la fuerza y el poder, y en tu mano también está el engrandecer y el dar poder a todos. Por eso ahora, Dios nuestro, alabamos y loamos tu glorioso nombre'".

—1 CRÓNICAS 29:10–13, RVC

- ¿Cuál es tu definición de éxito?

- ¿Tienes éxito en este momento?

- ¿Oras por tus metas antes de fijarlas?

- ¿Has puesto tus metas por escrito a fin de evaluarlas en una rendición de cuentas?

- ¿Has tomado medidas cuantificables hacia tus metas?

- ¿A quién bendices con tu éxito? ¿Cómo lo compartes?

ORACIÓN

Padre, hoy te doy gracias por las bendiciones que me das. Reconozco que todo lo que tengo es por tu gracia y es un regalo. De tu mano vienen todas las bendiciones. Hoy te entrego mi vida una vez más y te rindo cada anhelo de mi corazón para que cumplas tu propósito en mí. Ábreme las puertas correctas y cierra las que no vienen de ti. Permíteme crecer en cada aspecto de mi vida, prospérame de forma integral y ayúdame a honrarte con mi éxito y a bendecir a cada persona que está a mi lado. Para ti sea la gloria siempre. Amén.

9

MENTALIDAD DE TRIUNFADOR

"Porque cual es su pensamiento en su corazón, tal es él".
—PROVERBIOS 23:7

DIOS PUSO EN nosotros una herramienta poderosa que tiene la capacidad de pensar, crear, soñar, visualizar lo abstracto, recolectar y recordar información e imágenes y llevarnos a un futuro poderoso. Esta herramienta es la mente, y puede ser utilizada para construir o destruir, dependiendo del uso que le demos.

Todos nacemos con un órgano llamado cerebro, pero la mente es algo que se va construyendo con el paso de los años, con las experiencias e información a la cual nos exponemos. Y tiene una influencia directa en cómo pensamos, nos vemos, sentimos y actuamos, delimitando o ampliando un espacio para lograr aquello que tanto anhelamos. El querer llegar a un lugar no basta: necesitamos una mente renovada, sana y con un enfoque positivo que nos permita caminar en la fe, con seguridad y esperanza.

La mente no nos puede controlar: nosotros debemos controlarla a ella y ser buenos y responsables administradores de lo que permitimos que permanezca allí.

> "No vivan ya según los criterios del tiempo presente; al contrario, cambien su manera de pensar para que así cambie su manera de vivir y

lleguen a conocer la voluntad de Dios, es decir, lo
que es bueno, lo que le es grato, lo que es".

—ROMANOS 12:2, DHH

Todos somos el resultado de experiencias familiares, de la
sociedad, del entorno, del lenguaje y de la biología. A esto se
le conoce como modelos mentales, e influyen en la manera
en que se adaptan las ideas y pensamientos en la mente. Dos
personas pueden observar lo mismo, pero interpretarlo diferente. Los modelos que desarrollamos son invisibles, automáticos y pueden llegar a ser peligrosos, ya que podemos no
darnos cuenta cuando surgen.

También afectan lo que vemos y cómo juzgamos los acontecimientos. Recordemos que interpretamos lo que nos pasa
de acuerdo a nuestra manera de ver la vida y nace del tipo de
observador que decidimos ser (positivo o negativo). Vemos
las cosas como somos y no siempre como son en realidad.

ES TIEMPO DE
RENOVAR LA MENTE

La palabra *renovar* significa volver algo a su primer estado,
dejarlo como nuevo, reestablecer algo que se había interrum-
pido, sustituir algo viejo por algo nuevo.

Detrás de nosotros hay una historia familiar y cultural.
Desde que nacemos estamos expuestos a información que
inconscientemente va quedando grabada en nuestra mente,
la cual puede ser edificante o destructiva y, conforme vamos
creciendo, va marcando la pauta en nuestro comportamiento.
Por eso, en Romanos se nos habla de que es urgente que reno-
vemos nuestra mente. No se vale decir: "¡Así soy yo y punto!".
Pensar así es pensar mediocremente y quedarnos estancados.

Nuestro diseño es perfecto, por eso hay que volver a

nuestro primer estado y sacar toda la basura que hemos venido acumulando durante años. Estudios realizados por neurocientíficos muestran que el cerebro y la mente han sido diseñados para pensar bien en tranquilidad; es por eso que cada vez que nos llenamos de temor, estrés, angustia y otras emociones negativas, nuestro cuerpo reacciona y lo somatiza. La salud mental y física van de la mano, debido a que fuimos diseñados para buenas obras, no solo en lo externo, sino en lo interno. Parte de nuestra creación es pensar, sentirnos y actuar bien. Todo está entrelazado. Cada vez que pensamos de forma negativa, nuestro cerebro se desconecta y todo nuestro cuerpo a nivel biológico colapsa.

La buena noticia es que la mente se puede renovar. Se pueden erradicar las emociones y los pensamientos tóxicos y el cerebro se puede encender para que funcione adecuadamente.

Si alguien nos ofreciera un veneno, ¿lo tomaríamos? La respuesta es obvia: ¡Jamás! Entonces, ¿por qué nos damos la oportunidad de pensar mal? Eso es suicidio mental. Cada vez que lo hacemos es como si estuviéramos tomando un vaso de veneno. Quizás no vemos físicamente la consecuencia de una forma inmediata, pero poco a poco nos iremos sintiendo mal, débiles, con tristeza y emocionalmente por el piso. Los pensamientos tóxicos son como el veneno y desencadenan emociones negativas y de ansiedad, y producen sustancias bioquímicas que causan estrés en el cuerpo.

Un pensamiento puede parecer inofensivo, pero si se convierte en tóxico, ese solo pensamiento puede transformarse en algo peligroso de manera física, emocional y espiritual. Los pensamientos pueden medirse y ocupan un espacio mental. Son activos, crecen y cambian. Influyen en las decisiones, las palabras, las acciones y las reacciones que tenemos.

En la medida en que alimentemos un pensamiento en nuestro interior, este crecerá y nos dominará. Si cada mañana nos levantamos creyendo que no somos capaces, que no podremos, que Dios se olvidó de nosotros, que hay miles de personas exitosas, pero nosotros somos unos fracasados, viviremos como víctimas de las circunstancias y limitaremos a Dios para que actúe a nuestro favor. Los pensamientos son poderosos y nos pueden destruir si los alimentamos de mala manera.

Cada vez que surge un pensamiento, el cerebro y el cuerpo cambian en forma activa para bien o para mal. Los pensamientos tóxicos se filtran en nuestra mente como resultado del abuso o de un trauma y afectan en todos los momentos de la vida. Esto nos lleva a tomar responsabilidad y a evaluar qué y cómo pensamos. Todos hemos sido lastimados de una u otra forma, pero esta sombra no nos puede perseguir de por vida, como ya vimos. Debemos soltar para crecer.

> La renovación de la mente debe hacerse con la ayuda del Espíritu Santo, ya que hay lugares en nuestro interior a los que la terapia o la medicina no pueden llegar.

El resultado del pensamiento tóxico se traduce en estrés en nuestro cuerpo y nos daña de múltiples maneras: mentalmente, en nuestro sistema inmunológico, en el corazón y el aparato digestivo.

Cuando nos estresamos todo el cuerpo se afecta. El 80 por ciento de los problemas de salud física, emocional y mental, son el resultado de nuestros pensamientos.

Los pensamientos son impulsos eléctricos, sustancias químicas y neuronas. En la medida que los pensamientos aumentan, se vuelven permanentes, crecen más ramas y las conexiones se aferran en nuestra mente.

La renovación de la mente debe hacerse con la ayuda del Espíritu Santo, ya que hay lugares en nuestro interior a los que la terapia o la medicina no pueden llegar. Solo Él puede generar una transformación real y genuina. Si trabajamos de la mano de Dios y tomamos responsabilidad, podremos tener buenos resultados.

Los expertos señalan que tenemos más de sesenta mil pensamientos al día y la mayoría de ellos son negativos. No podemos evitar que esos miles de pensamientos vengan a nuestra mente, pero sí podemos y debemos seleccionar aquellos que permitimos que aniden en nuestro interior. No somos basurero para recibir todo lo que la sociedad nos lanza, pero sí podemos ser selectivos.

Martín Lutero dijo: "No puedo evitar que las aves vuelen sobre mi cabeza, pero sí puedo evitar que hagan nido en ella". Es decir, no podemos evitar que pensamientos negativos aparezcan de repente, pero sí que se mantengan anidados ahí.

Cuando cambiamos nuestros pensamientos tóxicos, desaparecen algunas ramas y se forman otras nuevas; cambian las fuerzas de las conexiones y las memorias se conectan con la red de otros pensamientos. Esto es renovar la mente, según la neurociencia. Pero a la luz de la Palabra de Dios, es sacar de nosotros todas las mentiras espirituales que hemos venido creyendo como verdades, y esto solo se logra cuando nos exponemos a Dios y a la Biblia, y conocemos quienes somos en Él y qué dice sobre nuestras vidas y futuro.

Yo siempre recomiendo lo siguiente: 1. Haz una lista durante un día completo de todo lo que pensaste, al menos lo más trascendental, y pregúntate: "¿Qué y cómo estoy pensando?". 2. ¿Cuáles son los pensamientos más constantes que tengo? ¿Son verdades o mentiras? Si analizamos esto con cuidado, nos daremos cuenta de que mucho de lo que pensamos no es verdad. Por eso, escribámoslo, vayamos a la Palabra de Dios y contrarrestémoslo con la verdad. Solo así, podremos renovar la mente y perseverar en ese pensamiento para que logremos tener paz.

Elijamos la vida por medio de nuestros pensamientos

Cuando nuestros pensamientos se activan, se activa la actitud, debido a la integración de todos los pensamientos, y esto se ve reflejado en el estado de ánimo. Por eso, al caminar en pos de la visión debemos pensar bien.

> "A los cielos y a la tierra llamo por testigos hoy contra vosotros, que os he puesto delante la vida y la muerte, la bendición y la maldición; escoge, pues, la vida, para que vivas tú y tu descendencia".
> —Deuteronomio 30:19

Dios nos ha dado libertad e inteligencia para decidir sobre nuestra acciones, palabras y pensamientos. Hay un mundo espiritual que, aunque no lo veamos físicamente, constantemente está afectándonos: "Sobre todo, tomad el escudo de la fe, con que podáis apagar todos los dardos de fuego del maligno" (Efesios 6:16).

Siempre he pensado que esos dardos encendidos del enemigo están dirigidos directamente a nuestros pensamientos. Él sabe que si domina nuestra mente por medio de sus mentiras, afectará todo nuestro ser. Pablo lo sabía y por eso dijo: "Tomad el escudo de la fe". Y es que lo único que puede contrarrestar los pensamientos negativos es la fe y las promesas que Dios nos da dado por medio de su Palabra. En Deuteronomio se nos dice que se nos ha dado elegir entre la vida y la muerte.

Hay caminos y decisiones que nos llevan a la muerte física y espiritual; por eso Cristo vino, para que tuviéramos vida en abundancia. Y eso no inicia cuando estemos en cielo, ¡inicia ya!

Nuestros pensamientos nos llevarán a la vida o a la muerte. La elección es nuestra. Si queremos ganar la batalla sobre nuestras emociones, debemos ganar la batalla en la mente; de lo contrario, caminaremos como derrotados. La próxima vez que nos llegue un pensamiento tóxico y negativo, desechémoslo inmediatamente. No lo anidemos ni permitamos que permanezca allí. Si le damos continuidad, rápidamente se hará parte de nosotros y nos perjudicará.

Una gran verdad es que podemos sentir nuestros pensamientos a través de las emociones. Cada recuerdo crea emociones en nuestro cerebro que son fotocopiadas en la red sicosomática de este órgano. Cuanto más pensemos en algo, más fuerte y vívido será el torrente.

Cuando escogemos pensamientos positivos, se liberan sustancias químicas de bienestar que nos hacen sentir en paz y promueven la sanidad, la formación de la memoria, el pensamiento profundo y la inteligencia.

Los siguientes versículos contienen dos grandes verdades:

- Podemos ser destruidos por tomar decisiones incorrectas o por ignorancia: "Mi pueblo fue destruido, porque le faltó conocimiento" (Oseas 4:6).

- Debemos de enfocar nuestros pensamientos en lo verdadero, honorable, justo, puro, bello y admirable. Ese es el filtro. Si algo no calza en estas categorías, es menester desecharlo de una vez: "Por lo demás, hermanos, todo lo que es verdadero, todo lo honesto, todo lo justo, todo lo puro, todo lo amable, todo lo que es de buen nombre; si hay virtud alguna, si algo digno de alabanza, en esto pensad. Lo que aprendisteis y recibisteis y oísteis y visteis en mí, esto haced; y el Dios de paz estará con vosotros" (Filipenses 4:8-9).

El conocimiento y la comprensión nos dan los medios que necesitamos para arrasar con los pensamientos y las emociones tóxicas. Cuando no pensamos bien, el cuerpo busca proteger y no tanto crecer, y el estrés hace que se generen sustancias equivocadas que nos pasarán factura. Cuanto mejor manejemos el campo de nuestras emociones y pensamientos, más aprenderemos a escucharnos y a lidiar con ellos de manera positiva, constructiva y equilibrada.

Evitar lo tóxico

Para avanzar en el arte de lograr lo que con la ayuda de Dios nos hemos propuesto, tenemos que evitar toda toxicidad que quiera hacernos creer o vernos de manera incorrecta. Como lo vimos en el versículo inicial, lo que pensamos de nosotros mismos define lo que somos.

Cuando hablo de toxicidad no solo quiero enfocarme en los pensamientos. También debemos evitar que ese veneno llegue a las emociones, las palabras, los sueños, la fe, las relaciones y a la salud.

Fuimos creados para construir relaciones interpersonales con los que nos rodean. Sé que la convivencia humana no es fácil, pero debemos aprender a convivir en sociedad y a compartir momentos especiales con nuestra familia, amigos, compañeros de trabajo y vecinos. En medio de un mundo que avanza de forma acelerada, la gente ya no tiene tiempo o no busca espacios para construir buenas relaciones que perduren, más allá de las redes sociales.

A lo largo de los años que tengo dando conferencias, procesos de *coaching* y consejería, así como en la lectura de miles de correos electrónicos, me he dado cuenta de que el "amor tóxico", es algo que está lastimando mucho el corazón de las personas y evitando que puedan desarrollar mentalidad de triunfadores. Si no estamos sanos por dentro, heriremos a los que están a nuestro alrededor y el ciclo de dolor se repetirá una y otra vez.

Muchas personas hoy en día establecen relaciones de pareja conscientes de que no serán de bendición para sus vidas, pero les gana el sentimiento o la emoción. Prefieren una mala relación que seguir siendo solteros, cuando esta etapa de la vida es hermosa y debe ser vivida al máximo. Si este es tu caso, te invito a que evalúes si estás en una relación tóxica; enfermiza; dependiente; donde hay infidelidad, falta de respeto, gritos y hasta violencia física, emocional o espiritual.

El amor no se mendiga, se merece y todo lo que hagas en amor será extraordinario. Por eso, no se vale tener un "amor" que sea tóxico y que te vaya envenenando poco a poco. Todo lo que sea tóxico en tu vida, elimínalo.

DESARROLLA TU
MENTALIDAD DE TRIUNFADOR

- **Conócete y acéptate.** Quien se conoce a sí mismo tiene la posibilidad de dar su mejor esfuerzo y ser realista en cuanto a sus cualidades y limitaciones. También puede llevar su potencial a un nivel superior solo porque se acepta, se valora, se ama como es y actúa con seguridad.

- **Limpia tu mente de los malos recuerdos.** Esto solo se logra cuando perdonamos, soltamos y decidimos que nada ni nadie impedirá que lleguemos al siguiente nivel. Sustituye el dolor por sanidad, el odio por amor y los malos recuerdos por vivencias que te hagan sonreír.

- **Elige a quien escuchar y rechaza las palabras tóxicas.** Existe una realidad: no todos los que están a tu lado se alegran porque te va bien. Por eso, sé sabio y vela cuándo y a quién le compartes tus sueños o metas. Cuando alguien venga con una frase tóxica, no lo recibas. Es mucho lo que escuchamos cada día, pero no dejemos que todo entre a nuestro corazón, sino solo aquello que nos ayude a avanzar. Discriminemos bien las ideas. Pensemos en lo justo, lo puro, lo bueno, lo honesto, lo de buen provecho, lo amable, lo que nos estimule a dar lo mejor, como lo leímos en Filipenses 4:8-9.

- **Busca tener motivaciones cada día.** Como seres humanos, tenemos diferentes ciclos emocionales. Por eso, debemos cultivar una actitud agradecida. Realiza cada día una lista de las razones por las que te sientes motivado y agradecido por los logros que has alcanzado. Celebra cada uno de ellos. No hay pequeños o grandes, todos cuentan.

- **Una persona con mentalidad de triunfador habla siempre bien.** Elige tener un vocabulario positivo; habla bien de ti mismo y de los demás siempre. Dondequiera que vayas, busca edificar, bendecir, aportar y sumar.

- **Sé sabio y rodéate de la gente correcta.** En la vida, debemos caminar al lado de las mejores personas. Todos necesitamos palabras de ánimo, un abrazo, una oración, pero también muchas veces ser confrontados.

- **Planifica y define tus metas.** Cuando tienes claridad de lo quieres en la vida, te es más fácil enfocarte mentalmente en alcanzarlo y dar pasos seguros.

- **Sé sabio y arriésgate.** No siempre tenemos claridad de lo que queremos hacer; por eso necesitamos dedicar tiempo a orar, buscar consejos, analizar las diferentes variables y ver qué es lo que más nos conviene. Correr riesgos forma parte de la vida, pero hay que hacerlo con sabiduría. Quien se da la oportunidad de arriesgar, descubre que es capaz de ir más allá de lo que ha hecho.

- **Sé positivo cuando todo vaya mal.** Los momentos más difíciles despiertan en nosotros creatividad, desarrollan nuestro carácter y es una ocasión para depender más de Dios. Decide disfrutar cada momento y aprende de las lecciones de la vida. Sé optimista y sonríe, que Dios cuida de ti.

- **Vive un día a la vez.** Disfruta de lo que hoy tienes, de tu familia, de la vida, de la salud, del trabajo y de cada logro. ¡Todo cuenta! No permitas que la rutina del día a día te robe la capacidad de soñar. Deja de vivir el sueño de otros. Empieza el tuyo propio. Cambia de dirección; toma el timón.

No esperemos que la vida se torne fácil. Oremos a Dios para que seamos capaces de vivirla con mayor fortaleza, entereza y realización.

> "Pero los que tienen su esperanza puesta en el Señor renovarán sus fuerzas. Les crecerán alas como a las águilas; correrán sin fatigarse, caminarán sin cansarse".
>
> —Isaías 40:31

Aplica, reflexiona y actúa

> "¿Quién es sabio y entendido entre vosotros? Muestre por la buena conducta sus obras en sabia mansedumbre".
>
> —Santiago 3:13

A continuación, comparto algunas recomendaciones para aprender a manejar los pensamientos. Identifica en cuáles debes trabajar y hazlo.

- Sé consciente de que tienes el poder de los pensamientos.

- Desarrolla una fuerte relación con Dios y lee la Biblia diariamente.

- Piensa diferente, háblate a ti mismo y llénate de pensamientos positivos.

- Evita el pensamiento de que "o es blanco o es negro". Siempre hay matices grises y debemos ser flexibles.

- No te enfoques en el peor detalle: ve alternativas, abraza lo bueno y positivo.

- No minimices lo bueno, destácalo.

- Evita las predicciones, no te anticipes y pregunta cuando sea necesario.

- Huye de la victimización o "el porqué me tocó a mí".

- No te coloques etiquetas, pelea en tu mente.

- Practica pensar positivamente.

- Haz ejercicio físico constantemente.

- Duerme lo suficiente.

- Evita el azúcar procesado y los edulcorantes artificiales.

- Practica la oración y otros métodos para calmar tu cerebro.

- Aprende algo nuevo durante 15 minutos al día (mínimo).

- Fomenta el poder de la mente: empieza y termina tu día leyendo tus metas en voz alta.

- Aléjate de ambientes negativos.

- Visualizarte a ti mismo es la clave del poder mental.

- Pasa tiempo bajo el sol (en las horas recomendadas por los doctores).

- Elige ser feliz.

ORACIÓN

Padre, te doy gracias por todas las bendiciones que me das. Gracias porque tú ya me ves como todo un triunfador a pesar de mis limitaciones. Ayúdame a vencer mis temores y todas aquellas voces que me dicen que no puedo. Permíteme verme como tú me ves y a caminar según tu voluntad. Hoy te pido Espíritu Santo que renueves mi mente y me permitas ser una persona que piensa en grande. Quita toda limitación que haya en mí. En el nombre de Jesús, amén.

10

CRECER INTEGRALMENTE

En los capítulos anteriores trabajamos el *ser*, para *hacer* y *lograr* lo que anhelamos y que Dios desea darnos. Independientemente de nuestra edad, estado civil, género o nacionalidad, somos parte de un propósito eterno y lo que nos da valor no es lo que tenemos, sino lo que somos.

La mayor meta que debemos anhelar alcanzar, y no en nuestras propias fuerzas sino en las de Dios, es poder conectarnos con Él, con nosotros mismos y con los demás, y lograr así disfrutar la vida.

De nada nos sirve llegar al final de nuestros años con muchas posesiones si no tenemos con quien compartirlas, si dejamos nuestra fe a un lado y no logramos cumplir con la voluntad de Dios en nuestra vida.

Muchos van acumulando dinero y bienes materiales, pero vacíos y sin propósito. Creo firmemente que Dios desea prosperarnos y darnos mucho a nivel material, pero ante todo quiere prosperarnos espiritualmente.

Como seres humanos, debemos comprender que somos tripartitos: somos espíritu, tenemos alma y vivimos dentro de un cuerpo; es por eso que debemos valorar cuánto y cómo estamos creciendo en cada uno de estos aspectos. Este equilibro será el que nos permitirá lograr ser felices y compartir en paz con los que nos rodean.

"Que Dios mismo, el Dios de paz, los santifique por completo, y conserve todo su ser, espíritu, alma y cuerpo, irreprochable para la venida de nuestro Señor Jesucristo".

—1 Tesalonicenses 5:23, NVI

La verdadera prosperidad es la que nace de adentro hacia fuera, y la logramos cuando nos encontramos con Dios y nosotros mismos. En la medida en que crezcamos en cada aspecto, podremos disfrutar la vida y vivir mejor.

El crecimiento es integral: espiritual, emocional y corporal. Si alguno de ellos está débil, tarde o temprano todo lo demás se verá afectado.

- ¿Estás creciendo a nivel espiritual?

- ¿Estás creciendo a nivel emocional?

- ¿Estás creciendo a nivel físico cultivando tu salud?

Nuestra meta diaria debe ser crecer en estos tres aspectos; sin embargo, la rapidez de la vida muchas veces nos impide sacar tiempo para cultivarlos y es así como vamos arrastrando deficiencias.

Crecimiento espiritual

"Amado, yo deseo que tú seas prosperado en todas las cosas, y que tengas salud, así como prospera tu alma".

—3 Juan 1:2

La salvación es un regalo que se nos dio por la gracia de Dios: "Porque por gracia sois salvos por medio de la fe; y esto no de vosotros, pues es don de Dios; no por obras, para que nadie se gloríe" (Efesios 2:8).

No podemos decir que fue gratis: Jesús pagó un precio muy alto por nuestra libertad. Su sangre nos dio redención y vida eterna. Sin embargo, el

> Jesús pagó un precio muy alto por nuestra libertad. Su sangre nos dio redención y vida eterna.

crecimiento espiritual es nuestra responsabilidad. Creo en la importancia de ser parte de una iglesia y de un grupo pequeño donde cada semana se estudie la Biblia. Esto nos permite crecer y avanzar. No fuimos diseñados para ser llaneros solitarios. Sé que no hay iglesia ni pastor perfecto; de hecho, el lugar deja de serlo solo por nuestra presencia. Quizás hemos sido lastimados o defraudados, pero no podemos permitir que el enemigo utilice esto para alejarnos de la verdad y de nuestro crecimiento. Gracias a Dios, aún quedan muchos hombres y mujeres que aman a Dios y al prójimo, y sirven con un corazón desinteresado; así que no podemos decir que todos son hipócritas o ladrones. El enemigo ha utilizado mucho las excusas, los malos testimonios y las desilusiones de algunos para ensuciar la imagen de la Iglesia, y eso no lo podemos permitir. Por eso, si no te estás congregando, te animo a que busques un lugar donde te sientas parte, eches raíces y perseveres.

"Antes bien, creced en la gracia y el conocimiento de nuestro Señor y Salvador Jesucristo. A Él sea gloria ahora y hasta el día de la eternidad. Amén".
—2 PEDRO 3:18

Crecer espiritualmente es un proceso y se debe ver reflejado en nuestro diario vivir.

- Debemos crecer en el conocimiento y comprensión de Dios y de su Palabra.

- Disminuir la frecuencia y severidad del pecado.

- Crecer en la práctica de las cualidades de Cristo.

- Crecer en la fe y la confianza en Dios.

- Descubrir el llamado y los dones de Dios, y servir de acuerdo a lo que se nos dio.

¿CÓMO SE LOGRA ESTO?

Para que ocurra el crecimiento espiritual, primero necesitamos asegurarnos de que poseemos una vida espiritual a través de la fe en Cristo.

> "Y este es el testimonio: que Dios nos ha dado vida eterna; y esta vida está en su Hijo. El que tiene al Hijo, tiene la vida; el que no tiene al Hijo de Dios no tiene la vida".
>
> —1 JUAN 5:11–12

Cuando creemos en Cristo, el Espíritu Santo vive dentro de nosotros (ver Juan 14:16–17) y somos nuevas personas. Él inicia un cambio radical en nuestro interior y poco a poco tenemos convicciones de lo que debemos dejar o empezar a hacer.

En 2 Corintios 5:17 se nos dice: "De modo que si alguno está en Cristo, nueva criatura es; las cosas viejas pasaron; he aquí todas son hechas nuevas". El crecimiento espiritual solo puede ocurrir cuando uno conoce a Jesús. Aprender cómo avanzar en este sentido es un viaje de toda la vida que comienza cuando leemos y aplicamos la Palabra de Dios.

> "Toda la Escritura es inspirada por Dios, y útil para enseñar, para redargüir, para corregir, para instruir en justicia, a fin de que el hombre de Dios sea perfecto, enteramente preparado para toda buena obra".
>
> —2 Timoteo 3:16–17

Para que ocurra el crecimiento espiritual, debemos ser enseñados, redargüidos, corregidos, e instruidos por la Palabra de Dios. Luego, estaremos completamente preparados para toda buena obra. Esta es la esencia del crecimiento espiritual.

¿Cuáles son los resultados?

El crecimiento espiritual es un proceso de toda la vida. Poco a poco nos iremos alejando por convicciones personales de todo aquello que no es agradable ante los ojos de Dios:

> "Las obras de la carne se manifiestan en adulterio, fornicación, inmundicia, lascivia, idolatría, hechicerías, enemistades, pleitos, celos, iras, contiendas, disensiones, herejías, envidias, homicidios, borracheras, orgías, y cosas semejantes a estas. Acerca de ellas les advierto, como ya antes les he dicho, que los que practican tales cosas no heredarán el Reino de Dios".
>
> —Gálatas 5:19–21, RVC

Cuando empezamos a cultivar nuestra vida espiritual, tendremos esto como resultado:

"Pero el fruto del Espíritu es amor, gozo, paz,
paciencia, benignidad, bondad, fe, mansedumbre,
templanza. Contra tales cosas no hay ley".

—Gálatas 5:22–23, rvc

Recordemos que ese fruto es el resultado de algo, es decir,
cuando le damos prioridad a nuestra vida espiritual, se nota.
Lo mejor es que quien produce el cambio es el Espíritu Santo,
no nosotros en nuestras fuerzas. Si te estás volviendo más
afectivo, más gozoso, más amable, más controlado, sientes
amor, paz, paciencia, humildad y dominio propio es porque
ese fruto está empezando a surgir en ti. Entonces, puedes
estar seguro de que el crecimiento espiritual verdaderamente
está teniendo lugar en tu vida. Ahora bien, desearíamos sin
duda tener todas esas características del fruto del Espíritu,
pero sabemos que muchas veces no es una realidad completa.
Ahí es donde no podemos permitir que el desánimo llegue
a nuestra vida. Recordemos que el que produce el cambio
es Dios. A nosotros nos corresponde colaborar. En segundo
lugar, es un proceso que dura hasta que partamos de este
mundo. Pero donde sí tiene que estar nuestro enfoque es en
crecer todos los días cada vez más.

Dios trabaja de maneras diferentes en cada persona. Algunas crecen rápidamente, mientras que otras crecen des-
pacio, pero continuamente. Nuestro enfoque no debe ser el
compararnos con otros, sino compararnos con la Palabra
de Dios. Las Escrituras son el espejo que nos muestra cómo
somos espiritualmente y arrojan luz donde necesitamos experimentar un crecimiento espiritual.

"Pero pongan en práctica la Palabra, y no se limi-
ten solo a oírla, pues se estarán engañando ustedes

mismos. El que oye la Palabra pero no la pone en práctica es como el que se mira a sí mismo en un espejo: se ve a sí mismo, pero en cuanto se va, se olvida de cómo es. En cambio, el que fija la mirada en la ley perfecta, que es la ley de la libertad, y no se aparta de ella ni se contenta solo con oírla y olvidarla, sino que la practica, será dichoso en todo lo que haga".

—SANTIAGO 1:22–25, RVC

EL CRECIMIENTO EMOCIONAL

Debemos aprender a controlar las emociones para que ellas no nos controlen a nosotros. En la vida solo podemos controlar lo que pensamos, sentimos y hablamos. Todos hemos sido alguna vez heridos; por eso, al buscar sanidad debemos ser intencionales, tener disposición y compromiso.

> Debemos aprender a controlar las emociones para que ellas no nos controlen a nosotros.

Las emociones tienen que ver con reacciones psicofisiológicas que representan modos de adaptación a ciertos estímulos del individuo cuando percibe un objeto, persona, lugar o suceso importante. Las emociones alteran la atención, hacen subir el rango de ciertas conductas de respuesta del individuo y activan las redes de memoria. Los sentimientos son el resultado de las emociones y pueden ser verbalizados. El término "emoción" viene del latín *emotio*, que significa "movimiento o impulso, aquello que mueve hacia". Las emociones siempre estarán en nuestra vida y por eso debemos aprender a administrarlas.

"Porque no nos ha dado Dios espíritu de cobardía,
sino de poder, de amor y de dominio propio".

—2 Timoteo 1:7

Dominio propio es la capacidad de controlar la forma en la queremos reaccionar ante alguna situación. Una mentira de Satanás es que no podemos controlar lo que pensamos, sentimos y hacemos. Hay batallas y desiertos que tenemos que vencerlos solos, sin depender de nadie. Entrenémonos ahora en medio de lo que podamos estar viviendo. Los sentimientos negativos no se reprimen: se identifican, se tratan y se desechan.

"Y me ha dicho: Bástate mi gracia; porque mi poder se perfecciona en la debilidad. Por tanto, de buena gana me gloriaré más bien en mis debilidades, para que repose sobre mí el poder de Cristo".

—2 Corintios 12:9

Muchas veces podemos confundir las emociones con la voz de Dios, y en eso hay que tener mucho cuidado. Cuando nuestras emociones están lastimadas, es nuestra decisión dejar que eso nos controle o tomar el control de la situación. Se vale llorar, pero no quedarnos ahí. Para romper malos hábitos necesitamos ayuda emocional y espiritual. Es allí donde surge el crecimiento.

Piensa en esto: ¿Estás creciendo emocionalmente o te quedaste estancado? Nosotros no somos un basurero; tenemos la capacidad de elegir lo que recibimos y lo que no. Las personas andan hoy tan enojadas por la vida que les es fácil tirarnos su basura emocional, o también nosotros podríamos estarla tirando a los demás. En ambos casos hay que parar.

El primer campo de batalla es la mente. Por eso, debemos vigilar lo que pesamos, tal y como vimos en el capítulo anterior.

Todos estamos en un proceso de formación, Dios está purificando nuestras emociones. Cuando tengamos un sentimiento debemos reconocerlo, llamarlo por su nombre y decir: "Estoy siendo capacitado para aprender a manejar mis emociones, ¡me voy a convertir en un buen administrador de ellas!".

El enemigo número uno de los cristianos son las emociones mal manejadas. Cuando las emociones están alteradas, la mente es engañada y la conciencia se priva del juicio normal; es decir, no podemos tomar decisiones inteligentes.

Muchos luchan con temores, angustias, complejos, inseguridades y otras emociones que deben tratar. Sé que el manejo y crecimiento emocional no es fácil, pero es algo en lo que debemos trabajar a diario. Si logramos cultivar la inteligencia emocional, nos será más fácil lograr aquello que hemos visualizado.

Algunas veces cuando tratamos de controlar las emociones, pareciera que no podemos lograrlo. Sé lo que es sentirse triste, no querer salir, no querer hablar con nadie, pensar que estamos solos y que hasta Dios se olvidó de nosotros. Sin embargo, lo único en lo que he encontrado consuelo y fuerzas es en la oración y en Dios, aun cuando mi carne no lo quiere.

> "Y estando en agonía, oraba con mucho fervor; y
> su sudor se volvió como gruesas gotas de sangre,
> que caían sobre la tierra".
> —LUCAS 22:44, LBLA

El ejemplo de Jesús es extraordinario. Antes de ser crucificado sintió angustia y, sin embargo, hizo lo correcto: oró intensamente, a pesar de que sudaba grandes gotas de sangre. Los expertos afirman que cuando alguien se somete a un estrés muy grande e intenso puede llegar a sudar gotas de sangre. Cuando nos sentimos en "agonía emocional", la respuesta no está en aislarnos, irnos de fiesta o refugiarnos en las drogas, el alcohol, el sexo, el llanto, o el enojo con Dios; el secreto está en rendirnos y caer de rodillas. Es ahí donde ocurre el mayor de todos los milagros.

Cuando las emociones están alteradas, la mente es engañada y la conciencia se priva del juicio normal. No estamos como para tomar decisiones inteligentes. ¿Cómo podemos saber si lo que sentimos viene de Dios? Si nuestras emociones están sensibles, lo mejor es esperar y no tomar decisiones hasta tener un panorama claro, haber orado, consultado la Palabra y tener el consejo de personas maduras en la fe.

Si queremos tener éxito en lo que hacemos y avanzar hasta cumplir el plan de Dios en nuestra vida, es necesario que caminemos no por lo que sentimos, sino por las convicciones de nuestro corazón o por aquello que Dios ha hablado. Por eso creo fundamental conocer nuestras verdades espirituales y las promesas de Dios. Es lo único que nos sostiene en los momentos de desiertos emocionales. No permitamos que el corazón trabaje sin sabiduría.

Crecimiento corporal

"Y llamó Moisés a Josué, y le dijo en presencia de todo Israel: Esfuérzate y anímate; porque tú entrarás con este pueblo a la tierra que juró Jehová a sus padres que les daría, y tú se la harás heredar.

Y Jehová va delante de ti; Él estará contigo, no te dejará, ni te desamparará; no temas ni te intimides".

—Deuteronomio 31:7–8

"Entonces llamó Moisés a Josué y le dijo en presencia de todo Israel: Sé firme y valiente, porque tú entrarás con este pueblo en la tierra que el Señor ha jurado a sus padres que les daría, y se la darás en heredad. El Señor irá delante de ti; Él estará contigo, no te dejará ni te desamparará; no temas ni te acobardes".

—Josué 1:5–9, RVC

En ambos casos vemos que Dios les habla a Moisés y a Josué y les dice: "Sean fuertes y valientes". Para poder alcanzar nuestros sueños y metas, no solo debemos tener el corazón correcto y sano; también necesitamos ser perseverantes, luchar cada día, reinventarnos y tener la capacidad de adaptación. No siempre las cosas van a salir como nosotros queremos, pero Dios sigue estando al control y al final todo ayudará para bien. Debemos estar listos a ser llamados, que nos encuentre en el lugar correcto, y con la actitud adecuada.

Recomendaciones para lograr tus metas

- Dios se revela al que camina en fidelidad y paga el precio de la perseverancia.

- Toda meta se origina con un deseo. Desarrolla un deseo intenso y personal. Todo deseo se inspira en una comunión íntima con Dios.

- Escribe tu deseo.

- Desarrolla tus convicciones. Ten valores firmes y nunca los negocies.

- Ponle fecha de realización a tus sueños. Una meta es un sueño con una fecha concreta para convertirse en realidad.

- Elabora una lista de todos los beneficios que tendrá tu familia y tú mismo si alcanzas los objetivos que te has propuesto. Recuerda que el éxito es llegar al final de la meta y tener con quienes compartirlo.

- Hazte acompañar de las personas correctas en tu misión.

- Elabora un plan a seguir y en el camino evalúa el avance del mismo.

- Reconoce tus fortalezas y acepta tus limitaciones. Acompáñate por personas que tengan dones que tú no tienes.

- Haz una lista de todos los obstáculos que crees que encontrarás en el camino y prepárate.

- Toma tiempo para capacitarte, y aprender de otros. Recuerda: solo los sabios preguntan.

- Ten mentores y un *coach* de vida, personas que han recorrido el camino y que pueden acompañarte, aconsejarte, inspirarte y de quienes puedes tomar el ejemplo.

- Persevera. Solo los que insisten lo logran. Nunca dejes nada inconcluso.

ILUSIÓNATE Y SUEÑA DE NUEVO

Independientemente de la edad, todos podemos tener la oportunidad de soñar. Dios es muy creativo y aunque hayas alcanzado lo que tanto has anhelado y por lo que has trabajado, decide ir por más. Caer en el conformismo es peligroso y debemos evitarlo.

Sueña, no te limites. Quizás podrías pensar no tienes los recursos, que no eres famoso o que no tienes conexiones. Permíteme decirte algo que he vivido y que estoy viviendo en este momento: Dios es especialista en abrir caminos donde no los hay. Él sabe hacer las conexiones más específicas en el momento adecuado. Cuando Él tiene un plan, nada ni nadie lo detiene.

> Dios es especialista en abrir caminos donde no los hay. Él sabe hacer las conexiones más específicas en el momento adecuado. Cuando Él tiene un plan, nada ni nadie lo detiene.

> "Y aunque tu principio haya sido pequeño, tu postrer estado será muy grande".
> —JOB 8:7

Debemos sincronizar nuestro corazón con el de Dios para que Él nos use, nos conecte y nos lleve a los lugares adecuados. Nuestro deber es estar preparados, estudiar, crecer, aprender y fortalecernos cada día internamente. El resto, Él lo hará. Atrévete a soñar, pero atrévete también a lograr que esos sueños se hagan realidad.

Los sueños desarrollan nuestro potencial porque ponen a prueba nuestro carácter, le dan sentido a nuestra vida, nos impulsa a relacionarnos con las personas correctas. Los sueños hacen que nuestra vida sea emocionante y ante todo que dependamos de Dios. Por eso, no temas soñar en grande. Cuando algo te intimide o te haga pensar que es imposible, es el mejor momento para elevar tu mirada al cielo y ver que Dios tiene todo bajo su control.

Decide ser excelente en todo lo que hagas. No estamos hablando de algo temporal, sino de un estilo de vida que te abrirá puertas y que permitirá que se mantengan abiertas. Quien vive con excelencia y pasión se convierte en una fuente de inspiración para los que lo rodean. Sé fuerte, valiente y jamás te detengas.

"La piel se arruga,
El pelo se vuelve blanco,
Los días se convierten en años,
Pero lo importante no cambia; su fuerza y su
    convicción no tienen edad.
Su espíritu es el plumero de cualquier telaraña.
Detrás de cada línea de llegada, hay una de
    partida.
Detrás de cada logro, hay otro desafío.
Mientras estés vivo, siéntete vivo.
Si extrañas lo que hacías, vuelve a hacerlo.
No vivas de fotos amarillas. Sigue, aunque todos
    esperen que abandones.
No dejes que se oxide el hierro que hay en ti.
Haz que en vez de lástima, te tengan respeto.
Cuando por los años no puedas correr, trota.
Cuando no puedas trotar, camina.

Cuando no puedas caminar, usa el bastón.

¡Pero nunca te detengas!".

—TERESA DE CALCUTA

CUÍDATE, ERES ÚNICO

En el correr de la vida, podríamos desconectarnos de Dios y de nosotros mismos. Empezamos a comer mal, no hacemos ejercicio, nos hacemos adictos al celular o al televisor, dormimos pocas horas; en fin, optamos por un estilo de vida poco saludable.

Durante años, he participado en un programa de radio en mi país. Durante el tiempo de oración los oyentes llaman para dejar sus peticiones, y muchas de ellas son por problemas de diabetes, sobrepeso, presión alta y de finanzas. En una ocasión en la que estaba anotándolas, sentí que el Espíritu Santo me habló y me dijo: "Muchas de estas enfermedades se pueden prevenir si mis hijos fueran más responsables con su salud". ¡Qué gran verdad! Somos lo que comemos. Todo lo que hagamos con nuestro cuerpo hoy, nos lo agradecerá o nos lo cobrará mañana.

Hoy en día pareciera que a la gente no le importa lo que come o cómo vive. "De algo me tengo que morir", dicen algunos. Si bien es cierto que todos nos tenemos que morir, lo más valioso es poder llegar a nuestros años dorados con la mayor calidad de vida posible, no como algo mágico, sino porque fuimos responsables y nos cuidamos integralmente cuando éramos jóvenes.

¿Eres responsable con tu salud?

"¿O ignoráis que vuestro cuerpo es templo del
Espíritu Santo, el cual está en vosotros, el cual
tenéis de Dios, y que no sois vuestros?".

—1 Corintios 6:19

Es tiempo de conectarte con Dios, contigo y con los demás.
Decide tener cada día un acto de amor para ti mismo, ya sea
comiendo de manera saludable y balanceada, haciendo ejercicio, leyendo un libro, tomándote un café en tranquilidad o
arreglándote; en fin, lo que más te guste y disfrutes. Ámate,
eres único.

Decide dejar un legado de amor

Si hoy partieras de este mundo, ¿cómo te gustaría ser
recordado?

No podemos dejar que se nos vaya la vida sin cumplir el
propósito. Nada, absolutamente nada le dará más satisfacción a nuestro corazón de encontrarnos con Dios; ser lo que
Él soñó que fuéramos; hacer aquello para lo cual fuimos diseñados y lograr lo que lleva nuestro nombre.

La meta es que dondequiera que vayamos y estemos dejemos una huella de amor capaz de transformar los corazones de los demás. No hay dinero en el mundo que se iguale
al hecho de que Dios puede utilizar nuestra vida para bendecir a otras personas. Una de mis frases favoritas es que soy
bendecida para bendecir, y lo mismo creo para tu vida.

Sin duda, Dios te ha bendecido mucho. ¿Qué estás haciendo con eso? Es tiempo de despertar, de dejar de estar lamentando lo que pasó o lo que no pasó. No podemos seguir siendo víctimas de nuestro pasado; debemos ser líderes de nuestra vida, asumir la responsabilidad y el riesgo.

Ten presente que tienes más futuro que pasado. Es tiempo de construir una visión poderosa con la ayuda de Dios, avanzar hacia lo nuevo y lo excelente. Pero esto no pasará por casualidad, sino que será el fruto del esfuerzo, la perseverancia y el trabajo diario.

Decide hacer un alto en tu vida. Conéctate con lo esencial, con el cielo y contigo mismo. Ahí hallarás paz, propósito y dirección. Naciste para bendecir a otros y cumplir el plan de Dios por medio de lo que haces y lo que logras. Que todo busque darle la gloria a Dios, ayudar a los demás y hacerte crecer. Construyamos juntos un mundo mejor con lo que Dios ha depositado en nuestras manos.

Eres una persona con propósito. Naciste primero en la mente de Dios. ¡Nunca lo olvides! Ahora ve, brilla y conquista lo que a Dios le ha placido darte por amor. Que nada ni nadie opaque la luz que hay en ti. Primero eres, luego haces y sin duda lograrás más de lo que te imaginas, ¡porque Dios te eligió para cosas grandes!

> Eres una persona con propósito. Naciste primero en la mente de Dios. ¡Nunca lo olvides!

APLICA, REFLEXIONA Y ACTÚA

"¡Levántate y resplandece, que tu luz ha llegado! ¡La gloria del Señor brilla sobre ti!".

—ISAÍAS 60:1, NVI

- ¿Qué compromisos puntuales asumes para impulsar el crecimiento espiritual?

- ¿Qué aspectos necesitas fortalecer a nivel emocional? Elabora una lista y al lado de lo que escribes anota una acción concreta para buscar un cambio de actitud

- ¿Haces ejercicio y comes saludable? Si tu respuesta es no, ¿qué acciones tomarás para ser responsable de tu salud?

- ¿Cómo te gustaría empezar a cuidarte más y que sea una manifestación de amor propio?

- ¿Qué harás con tu vida, profesión y conocimiento para construir un mundo mejor?

ORACIÓN

Padre bueno, hoy te quiero dar gracias por la bendición que me das de tener vida, salud y esperanza en ti. Gracias porque sé que soy parte de tu plan. Hoy quiero rendirme completamente a tu voluntad. Te pido que me ayudes a crecer integralmente; permíteme ser fortalecido en mi parte espiritual para poder conocerte mejor. Te pido que me sanes emocionalmente y que yo sea una persona equilibrada en lo que siento, pienso y hago. Ayúdame a ser responsable de mi salud física. Usa mi vida para bendecir a otros y permíteme llevar esperanza al mundo entero. Que tu luz de amor brille en mí cada día. Amén.

ACERCA DE LA AUTORA

Stephanie Campos Arrieta es conferencista internacional, *coach* de vida y periodista. Cuenta con estudios en comunicación, mercadeo y gerencia de proyectos. Actualmente es productora y conductora de programas de radio que llegan a toda Iberoamérica, transformando la vida de miles de personas diariamente. Además, participa en programas de televisión, radio, revistas y medios digitales, aportando en temas relacionados con el empoderamiento, la comunicación, relaciones interpersonales, el desarrollo personal y el diseño de futuro por medio de las estrategias que ofrece el *coaching*. Ha recibido diferentes premios internacionales por destacarse como una comunicadora que busca aportar valor a su audiencia por medio de los temas que desarrolla. Es autora del libro *El valor de la espera*, pastora y líder social en Costa Rica, donde reside actualmente con su familia.

Para contactar a la autora: info@stephcampos.com

Facebook: facebook.com/stephaniecamposarrieta

Instagram: stephaniecampos22

Prólogo por SIXTO PORRAS

Director de Enfoque a la Familia® para Latinoamérica

El **valor** de la

e s p e r a

Quien sabe esperar se lleva lo mejor

STEPHANIE CAMPOS